Libère tes PEURS embrasse ta joie

MARILYSE TRÉCOURT

Libère tes PEURS embrasse ta joie

Un carnet ludique pour révéler ton potentiel caché

Éditions
EYROLLES

Éditions Eyrolles
61, bd Saint-Germain
75005 Paris
www.editions-eyrolles.com

Mise en pages : PCA

Relecture/correction : Caroline Puleo et Emmanuelle Peraldi

Illustrations : Shutterstock

Depuis 1925, les Éditions Eyrolles s'engagent en proposant des livres pour comprendre le monde, transmettre les savoirs et cultiver ses passions !
Pour continuer à accompagner toutes les générations à venir, nous travaillons de manière responsable, dans le respect de l'environnement. Nos imprimeurs sont ainsi choisis avec la plus grande attention, afin que nos ouvrages ssoient imprimés sur du papier issu de forêts gérées durablement. Nous veillons également à limiter le transport en privilégiant des imprimeurs locaux. Ainsi, 89 % de nos impressions se font en Europe, dont plus de la moitié en France.

ISBN : 978-2-416-01534-2

Sommaire

Pourquoi un livre sur la peur ?

La peur est une émotion primaire, instinctive, vitale. C'est grâce à elle que l'humanité a survécu aussi longtemps. Elle nous avertit d'un danger (un loup enragé qui nous fonce dessus) et prépare notre corps à la fuite (c'est plutôt une bonne idée), ou à la lutte (plus courageux, mais probablement fatal). Sauf que de nos jours, les occasions de rencontrer des loups enragés sont assez rares. Pourtant, la peur n'a pas disparu de nos vies. Alors, tu vas me dire qu'il n'y a pas que les loups enragés qui sont susceptibles de nous effrayer. Effectivement, on peut craindre de perdre un parent malade, d'être licencié, ou de voir sa maison dévastée par un incendie tout proche. Ces peurs-là sont légitimes mais liées à des événements extérieurs à nous-mêmes : nous n'avons a priori aucun contrôle sur eux. Le plus surprenant, c'est que les peurs les plus présentes en nous, et les plus handicapantes, sont d'une autre nature : elles dépendent de nous car nous les créons de toutes pièces. Nous fabriquons des pensées relatives à un avenir plus ou moins proche potentiellement dangereux. La peur de l'échec, la peur du rejet, la peur de l'inconnu ne sont que quelques-uns des scénarios que nous écrivons de manière inconsciente et qui nous font croire que nous allons échouer, être rejetés et incapables de gérer une situation inédite, alors que nous n'avons aucune certitude sur l'avenir et que dans l'instant présent, aucun péril réel ne se présente à nous. Peu importe, notre corps est dans le même état que si un danger était réellement là. Il peut se préparer à lutter à travers la colère par exemple, mais le plus souvent, il va opter pour la fuite, c'est-à-dire l'évitement de cette situation potentiellement dangereuse.

EN QUOI EST-CE UN PROBLÈME ?

Ce qui nous fait peur se trouve généralement en dehors de notre zone de confort. Prendre une douche, préparer ton petit-déjeuner, raconter une anecdote à ta meilleure amie, ce n'est pas effrayant, tu l'as déjà fait des milliers de fois (enfin, je suppose). Mais se mettre en maillot de bain devant des collègues de travail, préparer un repas pour impressionner la belle-famille ou prendre la parole en public, c'est tout de suite un peu plus anxiogène : « Que vont-ils penser de moi ? Est-ce que je vais être à la hauteur ? Vais-je être ridicule ? Vont-ils se moquer de moi ? » Face à ces questions, il peut être tentant de renoncer, tout simplement. Ça demande moins d'énergie et c'est beaucoup plus rassurant. Mais c'est aussi un renoncement au bonheur. Comme nous le verrons plus loin, lorsque nous sortons de notre zone de confort, nous devons traverser une zone de peur avant d'atteindre la zone d'apprentissage et, *in fine*, la fameuse zone de bonheur.

En effet, ce qui nous fait vraiment peur (et je ne parle ici que des peurs psychologiques, pas de la peur des araignées ou de l'avion) est un indicateur de ce que nous avons à dépasser en nous pour atteindre une plus grande sérénité, une meilleure estime de soi, une plus grande confiance en nos capacités pour oser expérimenter ces situations qui nous apporteront davantage de bonheur.

LA JOIE D'AFFRONTER SES PEURS

Te souviens-tu d'une situation qui te faisait vraiment peur, qui te challengeait, telle qu'un exposé devant toute la classe, un concours qui te tenait à cœur, une prise de décision radicale ? Oui ? Si tu l'as dépassée, si tu as osé affronter cette peur, tu dois vraisemblablement te souvenir du sentiment de fierté que tu as éprouvé ensuite. Nos plus grandes joies se cachent souvent derrière nos plus grandes peurs. Il est même probable que tout se soit bien passé, car lorsque l'on redoute quelque chose que l'on a décidé d'affronter, on se prépare davantage pour éviter l'échec.

LA PEUR NOUS CACHE LE CHEMIN DU BONHEUR

Les personnes que j'accompagne en coaching sont toutes traversées par des peurs plus ou moins conscientes et qui les empêchent de formuler leurs envies profondes et d'avancer vers leurs rêves. Ces craintes leur font croire qu'elles ne sont pas à la hauteur, qu'elles n'y arriveront jamais, qu'elles vont être jugées, critiquées, moquées, qu'elles vont finir seules et abandonnées de tous. Car en réalité, c'est bien de cela qu'il s'agit. Notre plus grande peur est de finir seuls, sans aucune ressource. Et cette crainte est tellement forte que notre cerveau préfère nous faire croire que ce danger est bien réel et qu'il vaut mieux renoncer à sortir de notre zone de confort, rester dans un espace connu (mais ennuyeux) plutôt que d'essayer d'atteindre nos objectifs.

La bonne nouvelle, c'est que ce n'est pas inéluctable ! Lorsque nous prenons conscience de ces peurs, que nous les mettons en lumière, que nous les rationalisons et que nous cherchons à leur trouver des solutions, elles se dissipent bien souvent comme des nuages poussés par le mistral. Quelques voiles peuvent subsister, mais ils sont suffisamment fins pour que nous osions les traverser.

POURQUOI AI-JE EU ENVIE D'ÉCRIRE CE LIVRE ?

Ce n'est pas parce que j'écris un livre sur la manière de surmonter sa peur que je fais partie de ces personnes qui n'ont jamais peur (ça existe, mais ce n'est pas forcément une bonne chose). Non, au contraire. Je crois pouvoir dire que je suis une peureuse, ou de manière plus spécifique, j'ai une personnalité anxieuse. Quand je l'avoue aux personnes qui me connaissent, elles ont souvent du mal à le croire. « Toi ? Mais tu t'exprimes facilement en public, même à la télé ! On dirait que tu n'as peur de rien... » Hum... Si je m'exprime facilement en public, c'est que j'ai appris à le faire, à la suite d'une expérience déplaisante où je n'ai pas réussi à exposer correctement le dossier sur lequel j'avais pourtant travaillé pendant des semaines. J'ai été tellement frustrée par ma note à l'oral que j'ai emprunté une dizaine de livres à la bibliothèque universitaire sur la prise de parole en public (oui, Internet n'était pas encore mon meilleur ami, à cette époque lointaine). Et je me suis entraînée, exposé après exposé, discussion après discussion. Et j'ai fini par obtenir une super note à l'oral. Ça m'a tellement galvanisée que désormais, la prise de parole est un exercice que j'affectionne : ma peur a laissé la place à de la préparation et à de l'excitation. Mais la liste de mes peurs reste longue (et je te l'épargnerai). Des petites peurs qui te feraient sourire, tellement elles te paraîtraient dérisoires. Plus je mûris (pour ne pas dire « vieillis »), plus cette liste tend à se réduire (c'est toujours ça de gagné). Car j'ai compris que je ne suis jamais plus heureuse que quand je dépasse l'une de mes peurs.

Dans ce livre, je partage avec toi ce que j'ai expérimenté, mais aussi tous les outils que j'ai découverts sur mon chemin, que des spécialistes du cerveau et des neurosciences ont partagé avec nous et que je propose aux personnes que j'accompagne pour oser affronter leurs peurs.

Je t'invite à t'engager sur un chemin au bout duquel se trouvera cet objectif, ce rêve que tu n'oses même pas formuler, cette envie que tu refrènes. Sur ton parcours, tu vas probablement rencontrer différents types de peurs : celles qui sont liées à ton estime, d'autres à ta confiance en toi, ou encore à ton histoire personnelle. Toutes ces peurs ne te concerneront peut-être pas, ou en tout cas pas au même niveau, mais jettes-y un œil, malgré tout : certains des exercices pourront te plaire et être appliqués pour des peurs qui te concernent davantage ou tout simplement pour régler d'autres difficultés.

Mais avant d'entreprendre ce merveilleux périple vers le bonheur, je t'invite à faire connaissance avec ta nouvelle meilleure amie : la peur !

Prépare ton baluchon !

Pour profiter au maximum de ce cahier pratique, tu auras besoin de placer quelques outils dans ton baluchon.

UN CAHIER

Un cahier suffisamment grand pour toi, tout neuf, tout joli (parce que ça donne encore plus envie de le remplir) dans lequel tu pourras noter tes exercices (si comme moi, tu as des scrupules à écrire sur un livre), tes pensées, tes questionnements, tes projets, tes recherches, tes dessins... Il t'accompagnera et tu pourras t'y référer régulièrement pour avancer avec stabilité, confiance et optimisme !

Mon astuce en +

Si tu as une âme d'artiste, tu peux le customiser comme un *bullet journal*, c'est-à-dire en le décorant avec de jolies couleurs et des illustrations sympas. Cette activité presque méditative pourrait te donner encore plus d'idées !

UN PETIT CARNET

Un petit carnet (tout aussi mignon) que tu emporteras partout avec toi pour y noter tes inspirations, tes questions, tes remarques. Car une fois que tu te seras lancé dans cette belle aventure, il est fort probable que ton esprit te fasse remarquer toutes ces informations, ces *coïncidences*, ces personnes qui t'apporteront de l'aide dans la réalisation de ton projet. Alors, note tout.

UN AGENDA

Agenda électronique ou papier, petit ou grand format, peu importe : l'essentiel est qu'il te convienne. Tu y noteras les dates auxquelles tu as prévu de passer à l'action, les échéances, tes rendez-vous...

UNE BONNE DOSE DE LÂCHER-PRISE

Apprendre à apprivoiser ses peurs, ça donne envie, mais ça peut aussi générer des blocages car cela suppose de s'y confronter et d'oser. Alors, pour ne pas t'arrêter avant même d'avoir démarré, commence par te laisser aller, retrouve ton âme d'enfant et cette certitude que tout est possible.

Parce que ça l'est... si tu y crois !

« Les émotions non exprimées ne meurent jamais.
Elles sont enterrées et libérées plus tard
de façon plus laide. »

Sigmund Freud, psychiatre et neurologue autrichien

1

Faisons connaissance

Généralement, la peur est une émotion que nous préférons nier. Les enfants ont le droit d'exprimer leur peur, les adultes, non. Ça ne se fait pas. Les adultes sont censés être capables de gérer n'importe quelle situation. Foutaises ! La peur, comme toutes les émotions, ne disparaît pas le jour de nos 18 ans.

Et puis, nous avons beau essayer de la cacher, elle ne disparaît pas pour autant. Au contraire !

Alors au lieu de la nier, je t'invite à faire sa connaissance, à l'apprivoiser, comme s'il s'agissait d'un chat errant craintif, et à l'amadouer pour en faire un matou de compagnie.

Définition

D'après Le Robert, « la peur est une émotion qui accompagne la prise de conscience d'un danger, d'une menace. Être en proie à la peur.

Synonymes : crainte, effroi, épouvante, frayeur, terreur, frousse, pétoche, trouille ».

UNE ÉMOTION, C'EST QUOI AU JUSTE ?

Une émotion, c'est une réaction psychologique et physique à une situation. Tout commence par une manifestation interne sous la forme d'un signal électrique dans notre cerveau, accompagnée de tensions dans notre corps et qui génère une réaction extérieure qui peut être visible par autrui.

Une émotion existe pour nous communiquer une information, nous alerter sur l'un de nos besoins non satisfaits (ex. : besoin de sécurité, de contrôle...), et nous indiquer une direction à suivre, comme une boussole. Les émotions ne sont ni positives ni négatives, mais agréables ou désagréables car elles sont toutes utiles. La meilleure chose que tu puisses faire, c'est de les accepter et de les accueillir. Si tu fais comme si elles n'existaient pas, le signal augmente et les émotions désagréables deviennent plus intenses, comme un enfant qui finit par crier et se rouler en boule quand on ne lui accorde pas assez d'attention.

LA PREMIÈRE CHOSE À FAIRE EST DONC DE RECONNAÎTRE TES ÉMOTIONS ET EN PARTICULIER TES PEURS. T'AVOUER À TOI-MÊME QUE TU ÉPROUVES DE LA PEUR EST LE PREMIER PAS POUR APPRENDRE À NE PLUS LA SUBIR.

NOMME TES ÉMOTIONS

Nommer nos émotions permet de réduire leur effet. Nous passons ainsi d'un ressenti émotionnel diffus à une intellectualisation de nos perceptions grâce à la mise en mots. Et on se sent tout de suite plus léger[1].

1 Pour en savoir plus sur le monde fabuleux des émotions, je t'invite à découvrir mon guide *50 exercices pour rebondir grâce à vos émotions positives*, éditions Eyrolles, 2021.

Ainsi, il est préférable de dire « J'ai peur de… », plutôt qu'un « Je me sens mal » qui revient à rester victime de tes émotions, sans pouvoir agir dessus.

NOMMER UNE ÉMOTION, C'EST BIEN, LUI TROUVER UN SURNOM, C'EST MIEUX !

Puisque nous allons faire un bout de chemin en compagnie de la peur, je t'invite à lui trouver un petit nom. Cela peut être un surnom (ex. : Madame la Pétocharde ou Miss Trouillarde) ou un nom (Simone La Froussarde[2] parce que tu as connu une Simone particulièrement craintive). Bref, trouve-lui un surnom qui la désacralise et qui la rend tout de suite moins effrayante.

LE NOM QUE JE DONNE À MA PEUR EST : ……………………………………………

Pour aller plus loin, je t'invite à la dessiner (même si c'est en mode bonhomme bâtons) et à lui adjoindre des éléments graphiques qui la caractérisent pour toi. Là encore, l'idée est de la personnifier pour la rendre plus accessible et pour identifier ses besoins (contrôle, sécurité, respect, reconnaissance…).

2 C'est le nom que j'ai donné à l'un de mes personnages dans *Le drôle de Noël qui a changé ma vie*, éditions Eyrolles, 2022.

PEUR, ANXIÉTÉ, PHOBIES : KIF-KIF BOURRICOT ?

La peur est une réaction involontaire de l'organisme à un danger réel (ou perçu comme tel). Ses manifestations sont à la fois physiologiques, comportementales, cognitives. Et incontrôlables : les amygdales de notre cerveau, agissant comme une barrière naturelle, mettent en pause le cortex préfrontal, et nous envoient un flot d'adrénaline nous incitant à agir.

L'angoisse est une peur diffuse et intense, sans objet précis. Elle apparaît en général comme une appréhension de quelque chose qui pourrait advenir dans une tension effrayante et souvent sans nom. C'est une impression de mort imminente. La crise d'angoisse est une succession de plusieurs symptômes dans un temps restreint (environ 10 minutes).

L'anxiété est une peur anticipée. Elle est liée à l'attente, au pressentiment ou à l'approche du danger. C'est un stade au-dessous de l'angoisse. Elle peut être chronique si tu ressens une inquiétude durable.

La phobie est une peur déclenchée par un objet précis ou une situation spécifique associée directement au danger.

Le stress est une peur handicapante quand il est permanent. C'est l'ensemble des moyens physiologiques et psychologiques mis en œuvre par une personne pour s'adapter à un événement donné.

Dans cet ouvrage, nous aborderons essentiellement les peurs psychologiques qui nous empêchent de nous épanouir.

LES MANIFESTATIONS PHYSIQUES DE LA PEUR

Il faut comprendre que la peur est une émotion ressentie en présence ou dans la perspective d'un danger. Que cette peur soit réelle ou perçue, les manifestations physiques seront tout aussi puissantes :

- Tremblements
- Transpiration excessive
- Hausse de la fréquence cardiaque
- Cris
- Perte de conscience
- Maux de ventre
- Palissement
- Insomnies
- Chair de poule
- Troubles digestifs...

LES RÉACTIONS PSYCHOLOGIQUES FACE À LA PEUR

Il existe essentiellement trois façons de réagir à une peur :

La fuite : face à un danger, notre cerveau nous ordonne de fuir. Notre organisme se met en condition pour courir le plus vite possible. Dans la vie quotidienne, ou en milieu professionnel, nous évitons sciemment les situations qui nous font peur ou nous adoptons une posture de soumission à la situation effrayante. Notre corps reste présent, mais notre esprit est ailleurs : il a purement et simplement pris la fuite. Toutes les formes d'addiction sont des phénomènes de fuite : la drogue, l'alcool, le jeu en ligne. L'accès aux réseaux sociaux, toujours à portée de clics, peut être un nouveau biais addictif.

La lutte : certains décident de combattre leur peur et de l'affronter. Mais la lutte peut aussi prendre d'autres formes. Pour lutter contre la peur, il est possible de manifester de l'agressivité, crier, invectiver, menacer certaines personnes que nous pourrions juger responsables de notre peur.

La sidération/l'inhibition : face à la peur, nous ressemblons à un lapin qui se fait surprendre dans les phares d'un véhicule ; nous faisons le mort en espérant que le danger nous évite. Nous éprouvons alors un fort sentiment d'impuissance, de découragement, de démotivation profonde.

LES ORIGINES DE LA PEUR

La peur est présente dès nos premières heures de vie. Dès que nous quittons le cocon protecteur du ventre maternel, nous nous retrouvons nus, vulnérables, et totalement dépendants.

Plus tard, la peur évitera à l'enfant de se mettre en danger et de se forger des limites. Peu à peu, il apprendra à surmonter sa peur des grands dans la cour d'école, des examens, du premier baiser...

Mais qu'en est-il à l'âge adulte ? Nous avons beau savoir qu'il n'y a pas de monstres dans le placard et qu'il vaut mieux éviter de se pencher au-dessus d'une falaise, nous ressentons toujours de la peur.

Pour autant, nous ne sommes pas tous logés à la même enseigne. Certains ne connaissent pas la peur, ou très peu, et d'autres sont des angoissés de nature.

Les facteurs sont nombreux et difficilement identifiables. L'hérédité, l'éducation, les facteurs environnementaux, le vécu de chacun n'en sont que quelques-uns.

ON NE PEUT RIEN Y FAIRE ?

La bonne nouvelle, c'est que rien n'est figé. Une personne courageuse peut notamment développer un profil plus anxieux à la suite d'un événement particulier, et des phobies peuvent apparaître avec l'âge. Et un angoissé chronique peut apprendre à appréhender ses peurs, à les dépasser et même à les transformer en leviers (ça tombe bien, c'est l'objet de ce livre !).

Précision importante

Je n'évoque ici que des peurs dérangeantes mais non handicapantes. Il se peut que tu souffres de phobies ou que ta peur soit la conséquence d'un réel traumatisme, et dans ce cas, je t'invite à t'orienter vers des spécialistes : psychothérapeutes spécialisés en thérapies cognitivo-comportementales, en EMDR [retraitement d'un événement combiné à une stimulation sensorielle bilatérale, comme des mouvements oculaires], hypnothérapeutes ou des médecins qui pourront te conseiller une approche médicamenteuse.

MARCHE ARRIÈRE, FREIN OU ACCÉLÉRATEUR ?

La peur peut être considérée comme un panneau voie sans issue, un panneau stop, ou comme un panneau d'entrée d'autoroute marquant une voie d'accélération. Soit on renonce sans même y réfléchir (c'est interdit, ça ne nous mènera nulle part), soit on ralentit et on se pose un moment pour comprendre l'origine de nos peurs et les moyens de les dépasser, soit on décide de passer à l'action directement et d'affronter nos peurs.

Là encore, c'est à toi de voir ce qui est le mieux pour toi, par rapport à ta situation. Comme nous l'avons vu, les peurs ont leur utilité dans la mesure où elles nous avertissent d'un danger (réel ou supposé) et il ne serait pas judicieux de supprimer tous ces signaux d'avertissement de manière inconsidérée. Chaque chose en son temps.

Pour autant, la phase du stop me semble toujours préférable à celle de la voie sans issue. L'observation et la compréhension des mécanismes qui sous-tendent nos peurs et l'expérimentation des outils présentés dans cet ouvrage permettent de prendre de la distance afin de ne plus les considérer comme inéluctables. Cela nous rend notre pouvoir d'action en nous transformant en acteurs de notre vie, nous n'en sommes plus spectateurs.

Ainsi, ne fais pas marche arrière, appuie sur la pédale du frein quelques instants et tu pourras ensuite enfoncer celle de l'accélérateur ! 😊

COMPRENDRE LES BÉNÉFICES SECONDAIRES DE NOS PEURS

Nous l'avons vu, les principales réactions face à la peur sont la fuite ou la sidération. Deux réactions instinctives certes, mais qui nous éloignent de notre objectif et nous installent dans une peur chronique, voire dans l'idée qu'il s'agit d'une composante de notre personnalité, un fait indiscutable qui justifie que nous ne sommes pas responsables de cet état et que nous ne pouvons rien y faire. Nous craignons de ne pas être à la hauteur, on ne peut donc pas passer cet examen ou changer de job, c'est comme ça, c'est la vie, pas de chance, CQFD, point barre.

Hum...

Je ne dis pas que ta peur n'est pas réelle, ni fondée, mais je me permets d'évoquer la possibilité que tes peurs ont bon dos. On se cache souvent derrière elles pour se trouver des excuses et se complaire (inconsciemment) dans un rôle de victime, certes inconfortable mais plutôt rassurant et familier.

Pour identifier tes bénéfices secondaires à la peur, demande-toi :

- Qu'est-ce que ta peur t'apporte en termes de bénéfices ?

....

- Qu'est-ce que tu perdrais, si tu n'avais plus peur ?

....

- Qu'est-ce que tu gagnerais, si tu n'avais plus peur ?

....

- Préfères-tu continuer à cultiver ta peur au vu de tous ces bénéfices secondaires ?

....

(PS : tu as le droit de répondre oui, c'est ta vie, et tu sais mieux que personne ce qu'il est bon de faire pour toi, là, maintenant).

LES PROPHÉTIES AUTORÉALISATRICES

Savais-tu que nous avons en moyenne 60 000 pensées par jour et que 40 000 d'entre elles sont désagréables, et génèrent des émotions tout aussi désagréables, telles que la colère ou la peur ? Cela fait 33 pensées négatives par minute !

Tu vas me dire : ce n'est pas grave, ce ne sont que des pensées, c'est inoffensif... FAUX ! Le pouvoir des pensées n'est plus à démontrer. Il est communément admis que la pensée est créatrice de notre réalité. On avance dans la même direction que nos pensées dominantes. Si, en voiture, tu fixes les arbres au bord de la route au lieu de regarder la route elle-même, il est probable que tu te diriges naturellement vers ces arbres. Si tu es persuadé que tu es nul en prise de parole en public, il est possible que tu sois effectivement mauvais dans cet exercice. Si tu penses continuellement que la vie est dangereuse, tu vas repérer automatiquement les dangers qui t'entourent.

On appelle cela le biais de confirmation (c'est-à-dire la tendance instinctive de l'esprit humain à rechercher en priorité les informations qui confirment sa manière de penser, et à négliger tout ce qui pourrait la remettre en cause), ou les pensées ou prophéties autoréalisatrices (si tu penses à une situation d'une certaine façon, il est très probable que cela se passe réellement comme tu l'imagines).

J'imagine que tu comprends facilement le problème lorsqu'il s'agit de pensées négatives : on a peur d'échouer et on échoue effectivement.

Mais cela est aussi vrai pour des pensées positives ! Plus on cultive des pensées de courage, plus on se voit affirmer son avis avec conviction, plus on gagne en courage et en affirmation de soi.

Nous avons le pouvoir de prendre conscience de nos pensées, afin d'en maîtriser progressivement le contenu et de fermer notre esprit à ce que nous redoutons, pour que cela ne se manifeste pas dans notre vie. Ainsi, notre monde extérieur reflète notre monde intérieur.

Pour y parvenir, il est indispensable de modifier quelque chose dans notre façon de penser. Selon la loi de cause à effet, dans des conditions identiques, les mêmes causes produisent les mêmes effets. Einstein aurait dit : « *C'est de la folie de s'attendre à un résultat différent en continuant de faire toujours la même chose.* »

C'EST BON, JE T'AI CONVAINCU D'ENTREPRENDRE UN CHANGEMENT ?

POUR CHANGER, IL FAUT SAVOIR POURQUOI

Aujourd'hui, tu as décidé d'opérer un changement afin de ne plus subir ces peurs qui t'empêchent d'avancer vers une vie plus épanouissante. Merveilleux, c'est le premier pas qui compte.

Néanmoins, pour changer de manière durable, il faut identifier pourquoi tu veux changer, quelle est ta motivation profonde. Parce que « changer pour avancer vers une vie plus épanouissante », c'est joli sur le papier, mais ce n'est pas assez concret. Ça veut dire quoi « une vie plus épanouissante » pour toi ? Pour certains, cela signifiera être plus à l'aise financièrement, pour d'autres, connaître une réussite professionnelle ou encore avoir une famille unie. La différence, ce sont tes valeurs, ce qui compte réellement pour **toi** ! Nous avons tous des valeurs qui nous sont propres et je parle ici de ce qui compte réellement et concrètement pour toi. La paix dans le monde est une valeur que nous partageons tous ici (à part les psychopathes ?) mais à moins que tu n'œuvres sur le terrain dans cet objectif, cette valeur ne fera pas partie de ton top 10.

Je t'invite donc à constituer le top 10 de tes valeurs profondes, concrètes et inaliénables, celles qui te définissent en tant qu'individu.

1re ÉTAPE : JE FAIS MON MARCHÉ

Choisis un moment calme et sans contrainte de temps. Assieds-toi confortablement, lis attentivement la liste de valeurs des pages suivantes, et surligne les mots qui te correspondent.

Choisis-en autant que tu le souhaites pour le moment. Reste intuitif et sélectionne les mots qui résonnent en toi.

Un conseil

Évite de te juger, de te dire que cette valeur-là n'est pas très valorisante, par exemple. Tu es qui tu es, tu as de la valeur et le droit d'avoir les valeurs que tu souhaites.

ABONDANCE
ACCOMPLISSEMENT
Action
Adaptabilité
Admiration
Amitié
Agressivité
ALTRUISME
Ambition
Amour
Amusement
Anticipation
Appartenance
Apprentissage
Approbation
ATTENTION
Authenticité
Autonomie
AUTORITÉ
Aventure
BEAUTÉ
Bien-être
BIENVEILLANCE
Bonheur
BONTÉ
Calme
Certitude
Changement
Cohésion
COMBAT
Compétition
Complexité
Compromis
CONFIANCE
Conformité
CONFORT
Constance
Contemplation
Contribution
Contrôle
Conviction
Coopération
Correction
Courage
Créativité
Curiosité
Décence
Découverte
DÉFI
Délicatesse
Désinvolture
DÉSIR
Détachement
Détermination
Devoir
Dévouement
Dignité
DIPLOMATIE
Discernement
DISCIPLINE
Discrétion
DIVERSITÉ
Douceur
DYNAMISME
Écologie
ÉCOUTE
Efficacité
EFFORT
Égalité
Émerveillement
Empathie
ENGAGEMENT
Enrichissement intellectuel
Épanouissement
Équilibre
ESPOIR
Étonnement
EVOLUTION
Exploration
Extraversion
Facilité
Famille
FERMETÉ
Flexibilité
Générosité
Gentillesse
Gratitude
HARMONIE
Honnêteté
HONNEUR
Humilité
HUMOUR
Indépendance

Initiative
Innovation
INSPIRATION
Intégrité
INTELLECT
Intensité
Introversion
Intuition
JOIE
JUSTICE
Leadership
Liberté
Logique
Loyauté
Lucidité
LUXE
Mérite
Notoriété
NOUVEAUTÉ
Optimisme
Ordre
Originalité
Ouverture d'esprit
PAIX
Partage
PASSION
PATIENCE
Perfection
Performance
Persévérance

Perspicacité
Plaisir
Planification
PLÉNITUDE
Pouvoir
PRÉCISION
Préparation
Prestige
Prévoyance
Proactivité
Productivité
PROPRETÉ
Prospérité
Protection
Prudence
PUDEUR
Quiétude
Raffinement
Rapidité
Rationalité
Rébellion
RECONNAISSANCE
Rectitude
Réflexion
Relationnel
RELAXATION
Réserve
RÉSILIENCE
RESPECT
Responsabilité

RÉUSSITE
SAGESSE
Santé
Satisfaction
Sécurité
Sensibilité
Sensualité
Sérénité
SÉRIEUX
Simplicité
Sociabilité
Solitude
Spiritualité
Spontanéité
Stabilité
STRUCTURE
SUCCÈS
Sympathie
Ténacité
Tolérance
TRADITION
Tranquillité
TRAVAIL
Union
UTILITÉ
VÉRITÉ
Victoire
Vitalité
VOLONTÉ

2^E ÉTAPE : JE FAIS LE TRI

Ta liste de valeurs personnelles est sans doute assez longue. Parmi celles-ci, tu ne peux en garder que 10 !

Pour t'aider à choisir, demande-toi : « Qu'est-ce qui est réellement important dans ma vie ? »

Tu verras que certaines valeurs se rejoignent : trouve le terme qui te convient ou un synonyme qui n'est peut-être pas dans cette liste.

3^E ÉTAPE : JE PRIORISE

Une fois que tu as établi la liste de tes 10 valeurs essentielles, tu vas pouvoir les prioriser, c'est-à-dire les classer par ordre de priorité. Pour te faciliter la tâche, demande-toi : « Si je devais satisfaire une seule de ces valeurs, ce serait laquelle ? Et en deuxième ? »

Note-les dans la première colonne du tableau 1.

4^E ÉTAPE : JE CONCRÉTISE

En face de chacune des valeurs de cette liste, note dans la deuxième colonne du tableau 1 les actions que tu fais pour les exprimer (ex. : famille > Je rends visite à mes parents toutes les semaines). Si tu n'entreprends aucune action pour faire vivre ces valeurs, cela signifie qu'il ne s'agit pas d'une vraie valeur pour toi ; dans ce cas, remplace-la par une valeur qui prend réellement sa place dans ton quotidien.

5^E ÉTAPE : J'OPTIMISE

Tu comprends peut-être que tu aimerais faire davantage de choses pour exprimer tes valeurs : note-les dans la troisième colonne du tableau 1.

Tableau 1 : mes valeurs aujourd'hui

MON TOP 10 ACTUEL	ACTIONS CONCRÈTES QUI EXPRIMENT CES VALEURS	QUE POURRAIS-JE FAIRE POUR EXPRIMER DAVANTAGE CES VALEURS ?

MON TOP 10 ACTUEL	ACTIONS CONCRÈTES QUI EXPRIMENT CES VALEURS	QUE POURRAIS-JE FAIRE POUR EXPRIMER DAVANTAGE CES VALEURS ?

6E (ET DERNIÈRE) ÉTAPE : JE ME PROJETTE

Aimerais-tu glisser de nouvelles valeurs dans ta vie (comme la joie ou le bien-être) ? Si c'est le cas, ajoute-les à la liste de tes valeurs actuelles, trie-les pour n'en garder que 10 (étape 2), priorise-les (étape 3) et note-les dans le tableau 2. Note bien les actions que tu entreprends déjà (valeurs actuelles) ou que tu vas entreprendre dans un avenir très proche pour faire vivre tes valeurs souhaitées.

Tableau 2 : mes valeurs souhaitées

MON TOP 10 SOUHAITÉ	ACTIONS CONCRÈTES QUI EXPRIMENT CES VALEURS

Maintenant, tu as identifié tes valeurs fondamentales et personnelles. Elles te permettront de prendre des décisions beaucoup plus facilement : si c'est cohérent avec tes valeurs, c'est oui, sinon, c'est non. Dans ton cheminement avec la peur, ces valeurs vont t'aider à formuler ton objectif.

DÉFINIS TON DÉSIR PROFOND, TON OBJECTIF, L'ISSUE DE TON CHEMIN

Allons un peu plus loin dans l'exploration de ta « vie épanouissante ». Tu as compris que celle-ci devait être en conformité avec tes valeurs essentielles. À présent, je t'invite à formuler ton objectif de vie par écrit. Cela te permettra :

- de savoir où tu veux aller et de te donner un but ;
- de rester motivé, même en cas de difficultés ;
- d'être plus attentif aux opportunités qui te permettront d'avancer vers ton objectif ;
- d'améliorer ta confiance en toi et ton estime personnelle ;
- de te donner un regain d'énergie physique et mentale ;
- d'améliorer considérablement tes chances de l'atteindre (un objectif écrit est plus facilement atteignable qu'un objectif qui reste dans un coin de ta tête).

Pour commencer, je t'invite à colorier de la couleur de ton choix le nombre de segments qui correspondent à ton niveau de satisfaction dans chacun des domaines suivants :

EN FONCTION DES RÉSULTATS OBTENUS, NOTE UN OBJECTIF CONCRET POUR CHACUN DES DOMAINES DE VIE. CELUI-CI DOIT ÊTRE PRÉCIS, ATTEIGNABLE, QUANTIFIABLE, DATÉ ET IL DOIT TE METTRE EN JOIE :

Exemple : je souhaite accorder une place plus importante à mes loisirs en prenant un abonnement au cinéma et y aller toutes les semaines dès mardi prochain.

....

Cela te donnera une liste d'objectifs concrets et atteignables.

ENSUITE, IDENTIFIE LE DOMAINE LE PLUS IMPORTANT POUR TOI (RAPPROCHE-TOI DE TON TABLEAU DE VALEURS POUR RÉPONDRE) :

....

À PRÉSENT, ÉCRIS ICI TON OBJECTIF PRINCIPAL, CELUI QUE TU VEUX ATTEINDRE EN PREMIER :

....

C'est bien, tu as écrit un premier objectif, mais il est peut-être encore empreint d'une vision des possibles obscurcie par tes peurs.

POSE-TOI LES QUESTIONS SUIVANTES :

Si je n'avais plus aucune peur, qu'est-ce que j'adorerais faire/avoir/devenir dans ce domaine de vie ?

....

Si j'avais une confiance en moi absolue, qu'est-ce que j'adorerais faire/avoir/devenir dans ce domaine de vie ?

....

Si j'avais une baguette magique, qu'est-ce que j'adorerais faire/avoir/devenir dans ce domaine de vie ?

....

Fais la synthèse de tes réponses et écris ton objectif principal, celui qui est très concret, qui te fait vibrer, qui te challenge, que tu atteindras dès que tu auras appris à dépasser tes peurs.

Mon objectif est de :

....

....

....

Voilà, tu es prêt à embarquer sur ton chemin, vers ton objectif, armé de tes belles valeurs et en compagnie de celui ou celle dont tu as fait la connaissance, ton nouveau meilleur allié : ....[3].

ALORS, C'EST PARTI MON KIKI ! 😊

3 Note le surnom que tu as donné à la peur p. 15.

2

Les peurs liées à notre confiance en nous

Le mot confiance vient du latin *fidere* (avoir confiance, avoir la foi). En psychologie, la confiance repose sur un sentiment de sécurité, la certitude de pouvoir compter sur ses propres capacités ou sur l'autre.

Si nous avons confiance en nous, nous nous sentirons à l'aise dans la plupart des situations, nous serons convaincus que nous nous en sortirons, et nous aurons le courage de nous exposer et d'affirmer nos idées.

Ainsi, la confiance en soi est une croyance en ses capacités. J'aime la comparer à un sac à dos rempli de nos expériences, de nos connaissances, de nos compétences et qui nous permet de savoir que nous saurons faire face, quoi qu'il arrive.

C'est un sentiment qui peut évoluer en fonction de nos expériences et des rencontres que nous faisons. Nous pouvons la construire, la retrouver, la perdre ou même la trahir.

Lorsque cette confiance est altérée par des expériences que nous jugeons négatives, par des critiques et des reproches, ou encore par une exigence trop grande envers nous-mêmes, nous pouvons craindre de ne pas avoir suffisamment de capacités pour faire face aux situations qui se présentent à nous. Et la peur commence à pointer le bout de son nez.

Les peurs que nous évoquerons dans ce chapitre sont les suivantes :

- peur de l'inconnu ;
- peur du manque de contrôle ;
- peur de ne pas être à la hauteur, de l'imperfection ;
- peur de ne pas être légitime (syndrome de l'imposteur) ;
- peur du jugement ;
- peur de l'échec ou de la réussite ;
- peur du manque.

Ces peurs peuvent être présentes sur ton chemin vers ton objectif, à des degrés divers. Il est même possible que certaines d'entre elles te soient complètement inconnues. Néanmoins, je t'invite à jeter un coup d'œil aux exercices qui y sont proposés car ils peuvent aussi t'aider à surmonter d'autres peurs.

Avant de te lancer à corps perdu dans ce deuxième chapitre, je te propose **quatre protocoles de base** qui peuvent être réalisés en amont de chaque exercice ou seuls, en cas d'urgence pour t'apaiser immédiatement.

Protocoles de base

Ces protocoles peuvent être réalisés chaque fois que tu ressens une angoisse monter en toi. N'attends pas qu'elle atteigne son paroxysme. À la moindre manifestation corporelle évoquant la peur, prends une pause et effectue l'un de ces protocoles ou les quatre (ils sont complémentaires).

1. RESPIRE EN CONSCIENCE

1. Installe-toi confortablement, en position allongée ou assise. Ferme les yeux[4], prends 3 grandes respirations en inspirant et en expirant profondément par le ventre (place les mains sur ton abdomen pour prendre conscience de ton ventre qui se gonfle et se dégonfle).

2. Tandis que tu continues à respirer calmement par le ventre, les yeux toujours fermés, place ta conscience et ta respiration dans les parties du corps nommées ci-dessous (vas-y tout doucement) :

- Pied droit, cheville droite, mollet droit, genou droit, cuisse droite, hanche droite, main droite, poignet droit, avant-bras droit, coude droit, bras droit, épaule droite.
- Puis, pied gauche, cheville gauche, mollet gauche, genou gauche, cuisse gauche, hanche gauche, main gauche, poignet gauche, avant-bras gauche, coude gauche, bras gauche, épaule gauche.
- Ensuite, place ta conscience et ta respiration dans ton bas-ventre, ton ventre, l'intérieur du ventre et ses organes. Puis sur ton torse et sur les organes à l'intérieur du torse.
- Remonte le long de ta colonne vertébrale depuis le coccyx, le sacrum, les lombaires, les dorsales et cervicales, les épaules, le cou, la gorge, les cordes vocales.

---

4 Une astuce : tu peux te créer des enregistrements des exercices présentés pour les réaliser les yeux fermés. Lis-les doucement et enregistre-toi avec ton téléphone en prenant soin de préciser le nom de l'exercice afin de le retrouver plus facilement en cas de besoin.

- Enchaîne doucement avec la tête, la mâchoire, la bouche, le nez, les yeux, les oreilles, le front et le cuir chevelu.
- Quand tu as terminé, reprends rapidement toutes les parties du corps : pieds, chevilles, jambes, genoux, cuisses, bassin, bas-ventre, ventre, poitrine, main, poignets, avant-bras, coudes, bras, épaules, colonne vertébrale, cou et tête.

Maintenant, tu es pleinement connecté à l'instant présent. Tout va bien.

3. Tu vas inspirer et expirer profondément 21 fois. À chaque respiration, tu sens tout ton corps onduler, comme le flux et le reflux des vagues de l'océan.

4. Quand tu te sens prêt, tu ouvres les yeux. Tu te sens calme, serein. Bouge tout doucement ton corps et redresse-toi délicatement.

2. RITUEL PSYCHOCORPOREL

1. Au moment où tu ressens de la peur, fais une pause et reste immobile un instant. Écoute les sensations de ton corps, même si elles sont particulièrement désagréables. Ne les fuis pas. Nomme intérieurement ces sensations (ex. : boule dans la gorge, mal de ventre, tremblements, mains moites...). Ensuite, identifie la nature de ta peur (peur de m'exprimer en public, peur de ne pas être à la hauteur...).

2. Ferme les yeux et inspire lentement, bloque ton souffle 5 secondes et expire lentement et complètement. Recommence 4 fois.

3. Ouvre les yeux et fais un pas sur la droite. À cette nouvelle place, ouvre les épaules, déploie légèrement les bras, les paumes, les mains ouvertes vers l'avant. Continue à respirer calmement et invite un sourire sur ton visage. Prête attention aux nouvelles sensations qui s'installent dans ton corps. Prends conscience de ce sourire et de l'émotion, sentiment ou désir qui y est associé : la joie, un soulagement ou de l'apaisement.

4. Le sentiment de peur diminue naturellement et laisse place à plus d'énergie et à une meilleure circulation de ta vitalité.

Recommence cet exercice plusieurs fois, en essayant de te concentrer sur ton cœur (tes sensations), plutôt que sur ta tête (tes pensées). Tu seras étonné des changements qui s'opéreront en toi. Ta peur ne disparaîtra pas totalement, mais l'intensité sera moindre.

3. VISUALISE

Notre cerveau n'est pas programmé pour changer. Son but est de nous protéger du danger et de ce qu'il ne connaît pas encore. Si tu veux changer (de façon de penser, de fonctionner...), tu vas donc devoir entreprendre un combat interne contre toi-même. Bouddha a dit : « *Nous sommes le résultat de ce que nous avons pensé.* » Donc tes pensées influencent ce que tu penses de toi et ce que tu obtiens, comme nous le verrons dans le prochain chapitre. Ainsi, l'un des outils les plus puissants pour obtenir ce que tu souhaites (devenir, avoir...), est de le visualiser.

Ferme les yeux et respire calmement plusieurs fois. Accroche un sourire sur ton visage. Tu te sens bien. Tout va bien. Tout est possible. Pense à ce que tu souhaites devenir, obtenir, changer. Imagine que tout se passe de façon idéale, parfaite. Tu perçois les moindres détails visuels, auditifs, sensoriels. Tu ressens une émotion profonde de joie, de gratitude, d'optimisme, de fierté pour ce que tu as accompli. Tout est déjà là, dans ta vie, prêt à se manifester. Prends le temps de te baigner dans ce futur ramené dans le présent et quand tu te sens prêt, tu peux ouvrir les yeux.

Tu peux réaliser cet exercice autant de fois que tu le souhaites. Tu actives ainsi la loi de l'attraction[5] ou si tu es plus terre à terre, disons que si tu sais exactement ce que tu souhaites, tu auras plus de facilité à l'obtenir que si tout est confus dans ta tête. 😉

4. JE STIMULE MON NERF VAGUE

Le nerf vague, également appelé nerf pneumogastrique, passe par la gorge et son rôle est de transmettre les informations nerveuses entre le cerveau et l'organisme. Lorsque l'on est stressé, notre nerf vague est comprimé, ce qui bloque ses fonctions anti-inflammatoires.

Le son ferait vibrer les cordes vocales, ce qui aiderait à activer notre système nerveux parasympathique.

Pour le stimuler et s'apaiser rapidement, je t'invite à tester ces deux techniques :

- fais vibrer tes cordes vocales : fredonne un air qui te plaît, chante, récite un mantra, prononce un « ômmmmm » long et grave, ou prie à voix haute.
- respire : une respiration profonde, lente, avec un temps similaire d'inspiration et d'expiration (5 secondes d'inspiration, 5 secondes d'expiration) active le nerf vague qui se connecte à ton cœur pour abaisser la pression artérielle et la fréquence cardiaque.

---

5 La loi de l'attraction est la croyance qu'en se concentrant sur des pensées positives ou des pensées négatives, les gens peuvent apporter des expériences positives ou négatives dans leur vie.

« Personne ne doit avoir peur de l'inconnu,
parce que tout homme est capable de conquérir
ce qu'il veut et qui lui est nécessaire. »

Paulo Coelho, *L'Alchimiste*, écrivain brésilien

La peur de l'inconnu

1. C'EST QUOI, CETTE PEUR ?

On l'appelle peur de l'inconnu, de la nouveauté, de l'imprévisibilité. Elle évoque cette inquiétude de ce que l'on ne connaît pas encore. Nous imaginons un futur dans lequel il va se passer tout un tas de choses plus ou moins horribles et que nous ne saurons pas gérer car nous doutons de nos capacités. Et donc, ce sera la cata, le drame, la honte absolue, la fin de sa vie...

2. ÉVALUE CETTE PEUR

Pour dépasser une peur, il faut d'abord en avoir conscience. Cette peur fait-elle partie de ta vie ? Colorie le nombre de carrés qui correspondent à ta réponse.

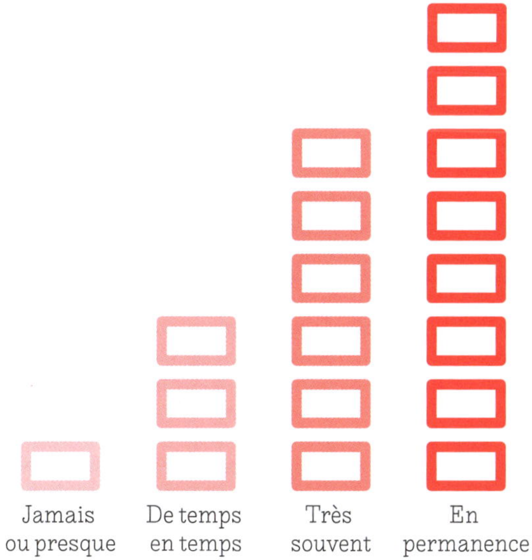

QUELLE EST SON INTENSITÉ ?

Si tu la rencontres, quelle est son intensité ? Tu peux l'évaluer en dessinant une croix à côté du nom, sur sa couleur (du gris clair au rose foncé) ou sous le smiley correspondant.

1.	2.	3.	4.	5.	6.	7.
Inquiétude	Stress	Crainte	Angoisse	Panique	Terreur	Détresse

EXERCICE 1 : JE ME RASSURE

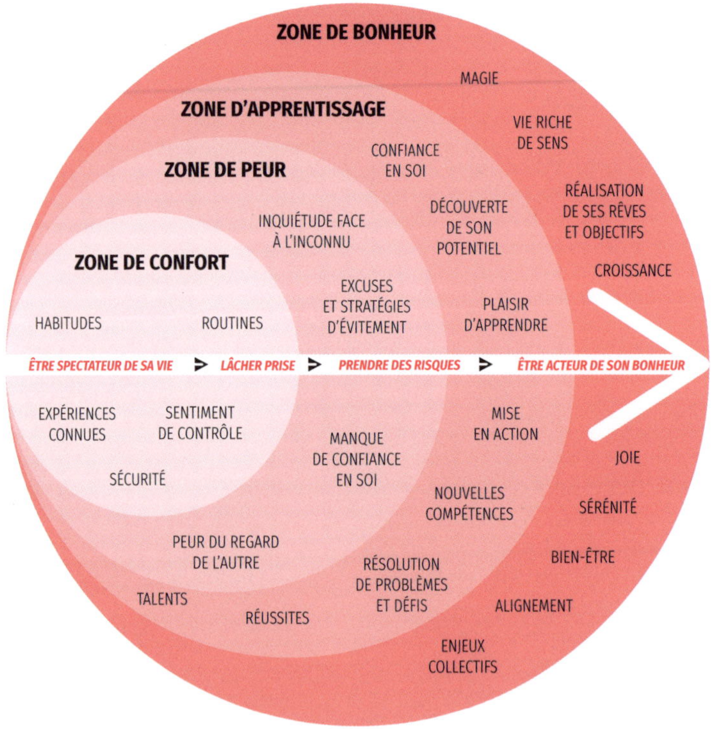

Lorsque nous entreprenons de changer des points importants de notre vie, nous passons tous par des étapes transitoires. Le fait de le savoir nous permet de considérer que les émotions telles que la peur de l'inconnu que nous traversons sont « normales », voire prévisibles, mais aussi que, si nous persévérons, nous allons finir par atteindre la fameuse zone de bonheur !

À QUOI CORRESPONDENT LES DIFFÉRENTES « ZONES DE VIE » ET LES TRANSITIONS DE L'UNE À L'AUTRE ?

La zone de confort est un état psychologique dans lequel une personne se sent à l'aise. Dans cette zone, elle peut garder le contrôle tout en éprouvant un faible niveau de stress et d'anxiété. Pour en sortir, il faut d'abord pouvoir lâcher prise par rapport à ses habitudes et routines rassurantes.

La zone de peur commence quand nous sortons de notre zone de confort. Elle nous confronte à de nouvelles expériences, et par là même à des doutes sur notre capacité à y faire face, ainsi qu'à une inquiétude face à l'inconnu. On peut évoluer de cette zone à la suivante en apprenant progressivement à prendre des risques.

La zone d'apprentissage nous permet d'acquérir de nouvelles compétences en vivant d'autres expériences inédites, afin de gagner peu à peu une certaine confiance en nous et une plus grande capacité à résoudre les problèmes. Ainsi, on passera à la zone suivante en devenant véritablement acteur de son bonheur.

La zone de bonheur (aussi appelée zone de magie) est celle de la nouveauté. Notre vie se transforme progressivement. Nous atteignons de nouveaux objectifs et vivons de nouveaux rêves. Nous renforçons l'estime de nous-mêmes et avons alors la certitude de pouvoir concrétiser n'importe quel autre rêve.

À présent, trace une croix rouge sur le graphique page précédente pour te situer parmi ces différentes zones.

Si tu te situes dans ta zone de confort, quelle petite action pourrais-tu faire pour en sortir ne serait-ce qu'un orteil ?

....

Si tu te situes dans ta zone de peur, quelle petite action pourrais-tu faire pour passer dans la zone d'apprentissage ?

....

Si tu te situes dans ta zone d'apprentissage, quel plaisir en retires-tu ?

....

Si tu es dans la zone de bonheur, comment pourrais-tu célébrer ton parcours ?

....

EXERCICE 2 : JE SWITCHE MES PENSÉES

Tu seras d'accord avec moi pour dire que dans la plupart des cas, le danger (c'est-à-dire ce qui risque de me faire mal, voire de me tuer) n'existe pas réellement dans la vraie vie. Aucun loup ni tueur en série à l'horizon. Pour autant, notre sentiment de peur est bien présent car notre cerveau ne fait pas la différence entre un danger réel, perçu ou anticipé.

Comme nous l'avons déjà vu, nous avons en moyenne 60 000 pensées par jour, dont 40 000 sont négatives, soit 33 pensées négatives par minute. C'est dingue, non ?

La solution ? Apprendre à observer nos pensées et à les switcher.

Les pensées ne sont qu'une construction de notre esprit. Si nous pouvons les construire, nous pouvons aussi les déconstruire !

Observe les pensées négatives qui t'inquiètent et note-les.

Exemple : je devrais changer de travail mais ça m'inquiète...

....

....

....

Quelles émotions désagréables et anxiogènes sont générées par ces pensées ?

Exemples : inquiétude, angoisse, peur de l'inconnu...

....

....

....

Quels comportements ces émotions entraînent-elles (la fuite, c'est-à-dire passer à autre chose pour fuir cette pensée, l'inaction ou encore l'agressivité/l'attaque) ?

....

....

....

Le meilleur moment pour switcher se situe dans la phase d'observation de la pensée (avant qu'elle génère une émotion). Là, tu peux te dire : « Cette pensée, cette construction mentale m'effraie et en plus, elle ne me sert à rien. » Et hop, tu switches vers une pensée plus positive.

Quelles pensées plus positives, plus justes, plus bienveillantes envers toi pourrais-tu cultiver ?

Exemple : même si j'ai peur de l'inconnu, je sais que j'ai des ressources en moi qui me permettront de faire face aux situations qui se présenteront.

....

....

....

Quelles émotions ces nouvelles pensées engendrent-elle ?

....

Quels comportements pourrais-tu adopter désormais avec ces nouvelles pensées et ces émotions plus positives ?

....

....

....

EXERCICE 3 : JE PRENDS CONSCIENCE DE MES RESSOURCES

Note ici une situation nouvelle (inconnue, imprévisible) qui te fait peur :

....

Respire calmement et repense à une situation anxiogène que tu as vécue et surmontée récemment :

- Quelle était cette situation ? ....
- Quelles étaient tes pensées, ces messages qui tournaient en boucle dans ta tête avant de la vivre ? ....
- Qu'est-ce qui s'est passé réellement ? ....
- Qu'as-tu mis en place pour faire face à cette situation ? ....

Exemple : je me suis préparé, j'ai imaginé le pire pour me sentir plus fort, j'ai respiré calmement pour rester dans l'instant présent, je me suis fait aider par un ami...

- Quelles capacités as-tu renforcées (capacité d'adaptation, d'anticipation, d'autorégulation...) ? ....

Qu'en déduis-tu ?

....

....

....

À l'avenir, quelles pensées positives pourrais-tu te répéter pour faire face à ta peur de l'inconnu ?

....

....

....

Fort de cette expérience, quelle situation[6] inconnue (nouvelle, imprévisible) aimerais-tu expérimenter pour renforcer ta capacité d'adaptation et ta conscience de celle-ci ?

....

....

....

EXERCICE 4 : ACTION !

Quelle (toute) petite action pourrais-tu mettre en place pour dépasser cette peur et lui montrer qu'elle ne te fait pas peur ?

....

Mon astuce en +

La seule chose dont tu puisses être sûr, dans la vie, c'est qu'un jour, tu vas mourir. Oui, je sais, ce n'est pas folichon, mais c'est vrai, désolée de te le rappeler.

Alors, entre aujourd'hui et ce jour le plus lointain possible, vaut-il mieux te crisper sur tout ce que tu aimerais savoir et connaître à l'avance ou laisser la vie te surprendre par l'inconnu ?

6 Mon conseil : vas-y mollo ! Commence par des situations qui t'inquiètent un petit peu avant d'aller affronter tes plus grandes peurs !

*« Mon Dieu, donnez-moi la sérénité
d'accepter les choses que je ne peux pas changer,
le courage de changer celles que je peux changer
et la sagesse de distinguer les premières des secondes. »*

Marc Aurèle, empereur romain et philosophe stoïcien

La peur du manque de contrôle

1. C'EST QUOI, CETTE PEUR ?

La peur du manque de contrôle est fortement corrélée à celle de l'inconnu. La peur de manquer de contrôle revient à se redouter soi-même. Redouter de ne pas maîtriser son impulsivité ou son esprit, voire de s'estimer incapable d'affronter certaines situations.

2. ÉVALUE CETTE PEUR

Pour dépasser une peur, il faut d'abord en avoir conscience. Cette peur fait-elle partie de ta vie ? Colorie le nombre de carrés qui correspondent à ta réponse.

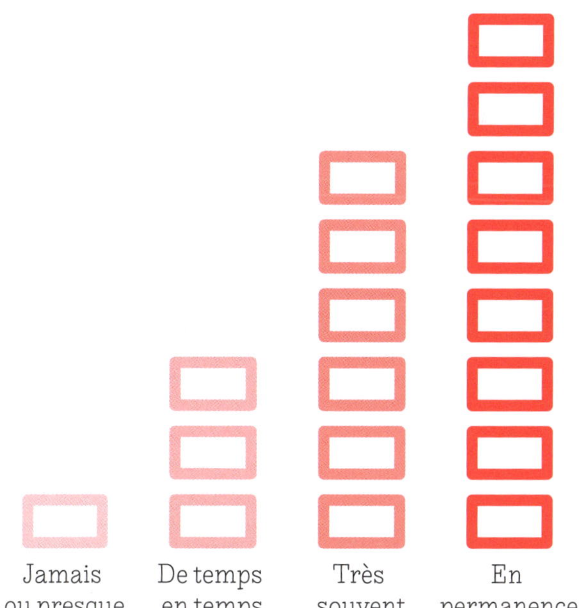

QUELLE EST SON INTENSITÉ ?

Si tu la rencontres, quelle est son intensité ? Tu peux l'évaluer en dessinant une croix à côté du nom, sur sa couleur (du gris clair au rose foncé) ou sous le smiley correspondant.

1.	2.	3.	4.	5.	6.	7.
Inquiétude	Stress	Crainte	Angoisse	Panique	Terreur	Détresse

La peur du manque de contrôle, comme la peur de l'inconnu, nous invite à prendre conscience de nos capacités et à lâcher prise. Ah, le fameux lâcher-prise dont on nous rebat les oreilles... « Lâche prise et ça ira mieux, tu verras ! » Comme si c'était évident. Comme si on s'accrochait de toutes nos forces à un trapèze volant pour ne pas tomber et qu'on nous conseillait de lâcher la barre. C'est hors de question ! Personne n'a envie de se fracasser contre le sol, et donc de lâcher prise. Même si une partie de nous sait pertinemment que cette barre n'est qu'illusoire, que l'impression de contrôler les choses n'est bien souvent qu'un leurre car on ne saurait contrôler tous les événements de la vie, nous refusons de lâcher prise car nous pensons que cette tension est préférable à la chute.

À l'injonction « Lâche prise », je préfère celle-ci : « Laisse aller, fais confiance. » Laisse aller le cours des choses, car il y a ce que tu ne peux effectivement pas contrôler (la maladie, ce que pensent/disent/font les autres, la météo, le passé, la mort...). Fais confiance à la vie, à ce qu'elle t'apporte de positif, que ce soient des événements agréables ou des apprentissages liés à des situations qui le sont moins. Fais-toi confiance, et rappelle-toi que tu as surmonté tellement d'épreuves, petites ou grandes, depuis toutes ces années, que même si tu rencontres des choses que tu ne contrôles pas, tu as en toi le pouvoir d'y faire face.

Puisque tu aimes les métaphores, imagine que tu te retrouves plongé dans une rivière déchaînée. Soit tu t'agrippes de toutes tes forces à des roseaux sur la rive et tu te prends le courant en pleine poire jusqu'à ce que ton corps abdique[7], soit tu te laisses emporter par les flots qui t'amènent sur une jolie petite plage que tu n'aurais jamais découverte sans cette petite virée.

7 Cette métaphore illustre également très bien le procédé du burn-out...

EXERCICE 1 : JE CONTRÔLE CE QUE JE PEUX CONTRÔLER

Quand une situation te perturbe, tu as une seule question à te poser : « S'agit-il d'un fait ou d'un problème ? » Si c'est un fait, comme la météo ou le passé, tu n'as aucun contrôle sur lui, alors accueille ce fait comme il est. Si c'est un problème, tu peux certainement y trouver une solution, tu peux en contrôler certains aspects.

Pense à une situation réelle dans laquelle tu as peur de ne pas avoir assez de contrôle. Dans cette situation, je t'invite à distinguer ce qui relève de ton contrôle et ce qui ne l'est pas.

SITUATION	CE QUE JE NE PEUX PAS CONTRÔLER	CE QUE JE PEUX CONTRÔLER
Exemple : j'ai peur de demander une augmentation.	*La réponse de mon responsable.* *La situation économique de l'entreprise.*	*Ma façon de me préparer à l'entretien.* *La gestion de mes émotions.* *Mes arguments.* *Ma faculté à me faire aider.* *Ma façon de réagir en cas de refus.* *Mon plan d'action en cas de refus.* *Les opportunités que je saisis...*

EXERCICE 2 : JE RELATIVISE

Respire lentement et profondément 3 fois. Fais naître un sourire sur ton visage et un autre dans ton cœur.

Pense à une situation que tu n'arrives pas à contrôler, à un problème sur lequel tu n'as a priori pas de prise et ferme les yeux.

À présent, représente-toi face ce problème, cette situation (que tu représenteras de manière graphique également dans l'encadré ci-après ?) dans la case ci-dessous. Tu peux même lui donner un nom ou un surnom. Utilise des symboles, trace des bonhommes bâtons.

Maintenant, illustre la réponse aux questions suivantes dans les cases ci-dessous :

Qu'est-ce qu'un petit enfant qui vit dans une cabane en Amazonie penserait de ton problème ?	À quoi ressemble ce problème par rapport à ceux que tu as déjà surmontés ?	Que restera-t-il de ton problème dans 10 ans ? Dans 20 ans ?	Et vu de l'espace, à quoi ressemble ton problème ?

EXERCICE 3 : ACTION !

Quelle (toute) petite action pourrais-tu mettre en place pour dépasser cette peur et lui montrer qu'elle ne te fait pas peur ?

....

Mon astuce en +

Repense à toutes ces expériences où tu as accepté de lâcher prise volontairement ou parce que tu n'avais pas le choix (une rencontre amoureuse, la naissance d'un enfant, une situation particulière). Que ces expériences aient été positives ou négatives, tu les as surmontées, tu y as survécu. Tu as donc trouvé des ressources en toi pour y faire face alors que tu ne les avais pas contrôlées.

Pourquoi en serait-il autrement à l'avenir ?

« Il ne faut pas attendre d'être parfait
pour commencer quelque chose de bien. »

Abbé Pierre, prêtre catholique français,
fondateur du mouvement Emmaüs

La peur de ne pas être à la hauteur, la peur de l'imperfection

1. C'EST QUOI, CETTE PEUR ?

Savais-tu que la peur de l'imperfection ou celle de ne pas être à la hauteur porte un nom spécifique ? Il s'agit de l'atélophobie. Aujourd'hui, la vie est devenue une tâche. On nous répète sans cesse que nous devons tendre vers la perfection, nous fixer des objectifs et des idéaux élevés si nous voulons être heureux, comme toutes ces personnes qui ont réussi leur vie de cette façon et qu'on nous présente comme des modèles. Comparés à elles (ou plutôt à la facette d'elles qui nous est donnée à voir), nous ne nous sentons pas à la hauteur de la tâche, ce qui entraîne, bien souvent, du découragement, de la frustration, des complexes d'infériorité, de l'évitement, et de l'inaction.

2. ÉVALUE CETTE PEUR

Pour dépasser une peur, il faut d'abord en avoir conscience. Cette peur fait-elle partie de ta vie ? Colorie le nombre de carrés qui correspondent à ta réponse.

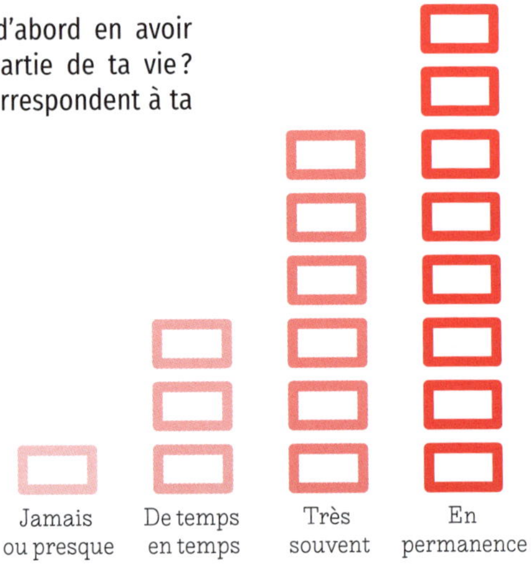

QUELLE EST SON INTENSITÉ ?

Si tu la rencontres, quelle est son intensité ? Tu peux l'évaluer en dessinant une croix à côté du nom, sur sa couleur (du gris clair au rose foncé) ou sous le smiley correspondant.

1.	2.	3.	4.	5.	6.	7.
Inquiétude	Stress	Crainte	Angoisse	Panique	Terreur	Détresse

La peur de ne pas être à la hauteur, de ne pas être assez bien, de ne pas être assez, repose souvent sur une comparaison. Nous ne serions pas à la hauteur de qui ? de quoi ? ou pas assez bien par rapport à quoi ? pas assez quoi ? Si nous nous estimons en dessous, c'est que nous nous comparons à des personnes ou à des situations que nous imaginons au-dessus de nous. Mais connaissons-nous réellement ces personnes ou ces situations ? Tout comme tu es une boule à facettes comportant plusieurs aspects de personnalité, les personnes avec lesquelles tu te compares ont aussi mille et une facettes, et tu ne te compares qu'avec celle qu'elle te donne à voir. Un peu comme ces « stars » des réseaux sociaux qui ne se montrent que sous leur meilleur profil après avoir choisi le filtre le plus avantageux, ou qui ne te parlent que de leurs réussites sans t'avouer toutes les galères qu'elles traversent parallèlement. Il est donc vain de te comparer à des personnes dont tu ne connais qu'une seule facette et qui ont, de plus, une histoire, un environnement, des ressources différentes des tiennes.

EXERCICE 1 : LA CONFIANCE VIENT AVEC L'EXPÉRIENCE

La confiance en soi arrive quand nous avons exercé une activité un nombre de fois suffisant. Nous avons alors le sentiment de la maîtriser et d'être à la hauteur.

Pense à une activité que tu as débuté un jour :

Exemple : une activité professionnelle, t'occuper d'un bébé, conduire.

....

Te sentais-tu à la hauteur la première fois que tu as exercé cette activité ?

Coche la case correspondant à ta réponse :

☐ Oui, à fond[8] ! ☐ Pas vraiment ☐ Non, j'étais tétanisé !

Comment t'es-tu senti après avoir exercé cette activité à plusieurs reprises :

☐ Un peu plus confiant ☐ À la hauteur ☐ Heureux de me sentir à l'aise !

Qu'en déduis-tu ?

....

EXERCICE 2 : JE SUIS AU TOP !

OK, il y a des domaines où tu ne te sens pas à la hauteur. C'est une estimation de ta part (pas forcément la réalité). Mais il y a très certainement des domaines où tu es à la hauteur. Tu n'es peut-être pas le meilleur du monde, mais tu assures quand même plutôt bien. Alors, sois objectif et bienveillant envers toi et écris ces domaines ou ces actions où tu es à la hauteur (ne cherche pas des disciplines olympiques, mais pense à de petites choses comme la confection de macarons, la maîtrise de l'orthographe ou l'instauration d'une ambiance conviviale en soirée) :

....

EXERCICE 3 : ACTION !

Quelle (toute) petite action pourrais-tu mettre en place pour dépasser cette peur et lui montrer qu'elle ne te fait pas peur ?

....

8 Génial ! Tu avais confiance en tes capacités dans ce domaine. Est-ce le cas dans tous les domaines ?

Mon astuce en +

Si tu ne te sens pas à la hauteur dans certaines circonstances, fais semblant. Les Anglo-Saxons te conseilleraient ce dicton : *Fake it until you make it*[9] !

Prenons un exemple : imaginons une personne promue à un poste de manager, dans un nouvel environnement de travail dont elle ne maîtrise pas les codes. Avant qu'elle trouve ses marques et prenne ses aises dans ce nouveau monde, elle peut d'ores et déjà feindre l'aisance. Elle donnera ainsi l'impression d'être à l'aise (même si elle ne l'est pas), ce qui lui laissera le temps d'acquérir l'aisance nécessaire au fil du temps.

Pour y parvenir, tu peux suivre l'exemple de personnes qui te semblent maîtriser le sujet qui te préoccupe. Observe leur langage non verbal (leur voix, leur posture, leur démarche, leurs gestes) et ce qu'elles font ou disent concrètement. Décortique tous ces détails de manière à t'inspirer d'elles sans pour autant les singer, en restant toi, pour donner le change jusqu'à ce que ces détails fassent partie naturellement de ta façon d'être.

9 « Fais semblant jusqu'à ce que ça marche. »

« Nos doutes sont des traîtres
qui nous font souvent perdre par crainte
d'entreprendre la bataille que nous pourrions gagner. »

William Shakespeare, dramaturge, poète et acteur anglais

La peur de ne pas être légitime (syndrome de l'imposteur)

1. C'EST QUOI, CETTE PEUR ?

Les personnes atteintes du syndrome de l'imposteur, appelé aussi syndrome de l'autodidacte, expriment une forme de doute maladif qui consiste essentiellement à nier la responsabilité de tout accomplissement personnel. Elles rejettent donc plus ou moins systématiquement le mérite lié à leur travail et attribuent le succès de leurs entreprises à des éléments qui leur sont extérieurs (la chance, leurs relations, des circonstances particulières). Dans certains cas, on peut aller jusqu'à se percevoir comme une sorte de dupeur né qui abuse ses collègues, ses amis, ses supérieurs et s'attendre à être démasqué d'un jour à l'autre.

2. ÉVALUE CETTE PEUR

Pour dépasser une peur, il faut d'abord en avoir conscience. Cette peur fait-elle partie de ta vie ? Colorie le nombre de carrés qui correspondent à ta réponse.

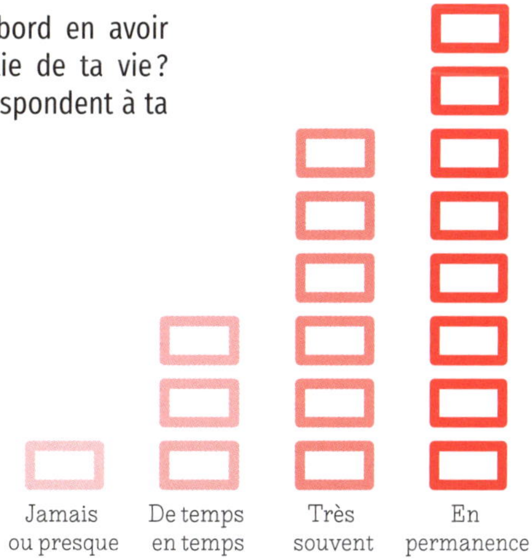

QUELLE EST SON INTENSITÉ ?

Si tu la rencontres, quelle est son intensité ? Tu peux l'évaluer en dessinant une croix à côté du mot qui la caractérise, sur sa couleur (du gris clair au rose foncé) ou sous le smiley correspondant.

1.	2.	3.	4.	5.	6.	7.
Inquiétude	Stress	Crainte	Angoisse	Panique	Terreur	Détresse

Si cette peur de ne pas être légitime est aussi appelée syndrome de l'imposteur, c'est en grande partie parce que nous avons appris, à l'école, que pour exercer un métier, il fallait suivre des études spécifiques et obtenir le diplôme *ad hoc*. Alors oui, pour être avocat ou médecin, c'est vrai. Mais ce n'est pas indispensable dans tous les domaines. Aujourd'hui, même si quelqu'un a exercé un métier pendant 20 ans après l'avoir appris sur le tas, il pourrait se sentir moins légitime qu'un jeune fraîchement diplômé. Pourtant, l'un comme l'autre ont des atouts à faire jouer et le plus expérimenté ne sera sans doute pas le moins capable de répondre à des problématiques qu'il a rencontrées cent fois au cours de sa carrière, tu ne crois pas ?

EXERCICE 1 : JE M'INTERROGE

Si tu ne te sens pas légitime dans certains domaines, note-les ici :

....

Qu'est-ce que tu pourrais faire concrètement pour te sentir plus légitime ?

***Exemple :** me former, demander un feed-back sur mon travail.*

....

Comment cela serait-il possible concrètement ?

....

Pourquoi est-ce si important pour toi de te sentir légitime dans ce(s) domaine(s) ?

....

À quel besoin profond cela répondrait-il ? (Pose-toi la question plusieurs fois pour être sûr de toucher le cœur du problème et ne pas te contenter de réponses toutes faites.)

....

Existe-t-il un autre moyen de répondre à ce besoin profond ?

....

Parmi ces moyens, quels sont ceux qui ne dépendent que de toi ?

....

EXERCICE 2 : JE SUIS DÉJÀ LÉGITIME, QUE JE LE VEUILLE OU NON !

Pense à une situation où tu ne te sens pas complètement légitime, un peu comme un imposteur.

Exemple : je ne me sens pas légitime pour organiser le mariage de ma cousine, je ne suis pas wedding planner *!...*

....

Note à présent 30 raisons pour lesquelles tu es déjà légitime dans cette situation :

Exemple : 1. J'ai organisé mon mariage et tout s'est passé comme je l'avais prévu. 2. Vu ma gestion des plannings de la famille, j'ai un sacré sens de l'organisation. 3. J'ai un super sens de l'écoute dans mon travail, et je comprends facilement les besoins des autres...

1. ....

2. ....

3. ....

4. ....

5. ....

6. ....

7. ....

8. ....

9. ....

10. ....

11. ....

12. ....

13. ....

14. ....

15. ....

16. ....

17. ....

18. ....

19. ....

20. ....

21. ....

22. ....

23. ....

24. ....

25. ....

26. ....

27. ....

28. ....

29. ....

30. ....

EXERCICE 3 : ACTION !

Quelle (toute) petite action pourrais-tu mettre en place pour dépasser cette peur et lui montrer qu'elle ne te fait pas peur ?

....

Mon astuce en +

Je suis désolée de te l'annoncer, mais ce sentiment de légitimité ne peut venir que de toi. Aucune bonne fée ne viendra saupoudrer ton minois de poussière de légitimité pendant ton sommeil. Pour te sentir légitime, tu dois le décider et agir : observe avec objectivité ce que tu fais, valide ce qui fait que tu es effectivement et concrètement légitime et, au besoin, optimise ce qui peut l'être.

« À qui ferais-je de la peine
si j'étais moi-même ? »

Jacques Salomé, psychologue,
écrivain et thérapeute français

La peur du jugement

1. C'EST QUOI, CETTE PEUR ?

La peur du jugement trouve essentiellement son origine dans le manque de confiance en soi et se nourrit de la peur de l'échec, du conflit, du ridicule, de ne pas être reconnu, de ne pas être aimé. D'après Maslow[10] et sa fameuse pyramide, le besoin d'appartenance et d'estime se retrouve au sommet. On considère que ce que l'on est ou ce que l'on fait risque d'être critiqué par une personne à qui l'on tient ou par ce groupe indéfini que l'on nomme « les autres » (collègues, amis, gens sur les réseaux sociaux...). Si elle peut être utile, car elle nous invite à avoir les bons comportements en société afin d'être acceptés du groupe, la peur du jugement est aussi très souvent inhibitrice car elle nous empêche de passer à l'action.

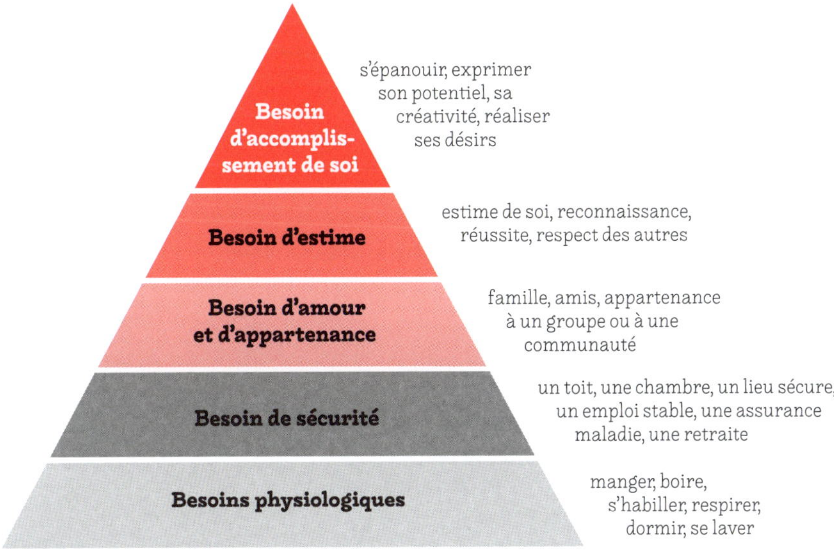

10 La pyramide des besoins, dite « pyramide de Maslow », est une représentation pyramidale de la hiérarchie des besoins, qui interprète la théorie de la motivation basée sur des observations réalisées dans les années 1940 par le psychologue Abraham Maslow.

2. ÉVALUE CETTE PEUR

Pour dépasser une peur, il faut d'abord en avoir conscience. Cette peur fait-elle partie de ta vie ? Colorie le nombre de carrés qui correspondent à ta réponse.

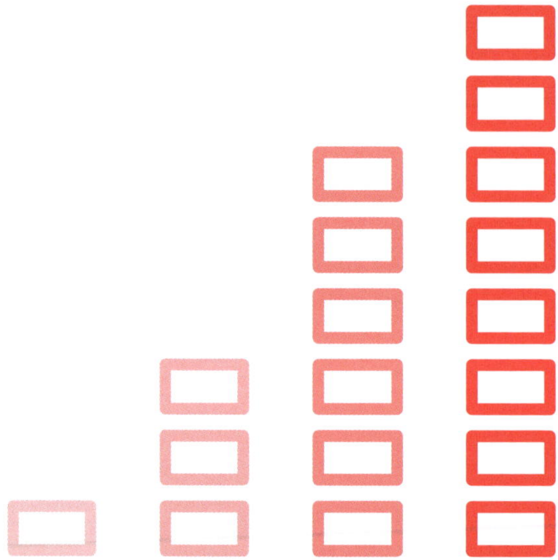

Jamais ou presque | De temps en temps | Très souvent | En permanence

QUELLE EST SON INTENSITÉ ?

Si tu la rencontres, quelle est son intensité ? Tu peux l'évaluer en dessinant une croix à côté du nom, sur sa couleur (du gris clair au rose foncé) ou sous le smiley correspondant.

1. Inquiétude
2. Stress
3. Crainte
4. Angoisse
5. Panique
6. Terreur
7. Détresse

L'un des plus grands regrets des personnes en fin de vie est d'avoir vécu en fonction du regard des autres et non en suivant leurs propres envies. Cette peur est encore une fois une supposition, une projection de notre propre autocritique et non une réalité.

EXERCICE 1 : LES ACCORDS TOLTÈQUES

Les accords toltèques[11] peuvent être une aide précieuse pour t'aider à dépasser ta peur du jugement. On en compte quatre que je te présente à ma sauce pour les besoins de l'exercice :

Ne fais pas de suppositions. À moins que tu sois voyant, tu ne sais pas ce qui se passe dans la tête des gens. Tu imagines, à travers ton propre filtre autocritique, qu'ils vont te juger négativement. Mais en vrai, tu n'en sais fichtre rien, pas vrai ?

Écris ici la dernière fois où tu as imaginé qu'une personne (ou un groupe de personnes) allait te désapprouver :

....

Sais-tu de source sûre ce que ces gens ont réellement pensé ?

....

Quoi qu'il arrive, n'en fais pas une affaire personnelle. Comme l'explique Don Miguel Ruiz dans son livre, « si je vous vois dans la rue et que je vous dis : "Hé, espèce d'idiot!" sans même vous connaître, ce que je vous dis ne vous concerne pas ; ça me concerne moi. Si vous en faites une histoire personnelle, vous allez peut-être croire que vous êtes idiot. Dès lors, le poison s'infiltre en vous... ». Tu n'as pas besoin d'être accepté par les autres. Tu as juste besoin de t'accepter toi, tel que tu es. L'avis des autres, c'est la vie des autres.

Écris une situation où tu t'es senti blessé par le jugement ou la critique d'une autre personne :

....

Si tu t'acceptais et si tu t'aimais vraiment, qu'est-ce que tu pourrais répondre (avec assertivité[12] !) à cette personne pour lui faire comprendre que tu n'acceptes pas d'absorber son poison ?

Exemple : tu penses que je suis stupide, c'est ton opinion, mais je ne suis pas d'accord avec toi.

....

---

11 *Les Quatre Accords toltèques* est un livre publié en 1997 par l'auteur mexicain Miguel Ruiz, devenu une référence dans les ouvrages de développement personnel. L'auteur y partage des règles de vie, basées sur la culture toltèque.

12 L'assertivité, c'est la capacité à s'exprimer calmement, à défendre ses droits, son opinion, sans empiéter sur ceux d'autrui, sans se justifier ni agresser l'autre.

Que ta parole soit impeccable. Comme nous l'avons vu précédemment, tes pensées, ton dialogue intérieur et en l'occurrence cette petite voix qui te critique en permanence, influent sur tes émotions et tes comportements. Alors, quand tu surprends cette petite voix désobligeante, efforce-toi de lui faire dire ce que ton ou ta meilleure amie te dirait avec tout son amour. La bienveillance envers soi et envers les autres n'est pas compatible avec le jugement de soi ou des autres.

Quel genre de jugement négatif redoutes-tu le plus ?

Exemple : tu es égoïste, tu n'es pas à la hauteur...

....

Qu'est-ce que ton ou ta meilleure amie te dirait :

Exemple : tu aides autant les autres que toi-même[13] ! Tu as assuré !

....

Fais toujours de ton mieux. Tu es invité à faire toujours de ton mieux, ni plus, ni moins, mais ton mieux ne sera pas toujours le même que la fois précédente, en fonction de ton niveau d'énergie ou de tes émotions. Mais si tu fais toujours de ton mieux, il t'est impossible de te juger ou de subir le jugement des autres. De même, certains jours, tu parviendras à appliquer ces accords, et d'autres, un peu moins bien. C'est normal, tu es humain, tu fais ce que tu peux et toujours de ton mieux en fonction de la situation.

Cite au moins cinq domaines où tu fais de ton mieux (même si ce n'est pas parfait) :

....

....

....

....

....

EXERCICE 2 : J'ASSUME !

Tu ne peux pas empêcher les gens de juger. Prenons une actrice comme Marilyn Monroe. Certains la trouveront merveilleuse, séduisante, futée, quand d'autres la trouveront

13 Et tu as tout à fait raison ! Si ce n'est pas le cas, je te conseille de t'inspirer de mon guide *C'est moi d'abord, mon carnet d'égoïsme bienveillant*, éditions Eyrolles, 2023.

vulgaire, stupide, aguicheuse ou je ne sais quoi encore. Face à un roman de Victor Hugo, tu rencontreras des fans absolus ou des détracteurs. Quoi que tu dises ou fasses, cela plaira à certaines personnes et déplaira à d'autres. Alors, devons-nous ne rien faire pour donner raison à ceux qui ne nous apprécient pas ? Non, nous agissons pour attirer à nous les personnes qui nous apprécient. Et on assume avec le sourire !

Quels sont les sujets sur lesquels tu as peur d'être critiqué ?

....

Qui pourrait te critiquer ? Quelles seraient ces critiques ?

....

Ces critiques seraient-elles respectueuses et bienveillantes ?

☐ Oui ☐ Non

Ces critiques te seraient-elles utiles ?

☐ Oui ☐ Non

Si tu as répondu oui aux deux questions précédentes, que décides-tu de faire pour en tenir compte ?

....

Si tu as répondu non à au moins l'une des deux questions ci-dessus, que décides-tu de faire ?

....

EXERCICE 3 : ACTION !

Quelle (toute) petite action pourrais-tu mettre en place pour dépasser cette peur et lui montrer qu'elle ne te fait pas peur ?

....

Mon astuce en +

Notre objectif devrait être de remplacer le temps que nous perdons à nous préoccuper du jugement des autres par des actions concrètes qui nous rapprochent de notre rêve, des personnes qui nous aiment tels que nous sommes, et de la version de nous-mêmes qui n'a plus peur.

Alors chaque fois que tu te demandes « Qu'est-ce que les autres vont en penser ? », réponds-toi « Peu importe ce qu'ils en pensent si ça me rend heureux ». Ou dans une version plus prosaïque : « Je m'en moque bien cordialement ! » Et agis ! La vie est trop précieuse pour la perdre avec des choses que tu ne peux pas contrôler (et qui n'existent certainement que dans ta tête…).

« J'ai raté 9 000 tirs dans ma carrière.
J'ai perdu presque 300 matchs. 26 fois,
on m'a fait confiance pour prendre le tir de la victoire
et j'ai raté. J'ai échoué encore et encore
et encore dans ma vie. Et c'est pourquoi je réussis. »

Michael Jordan, joueur de basketball américain

La peur de l'échec ou de la réussite

1. C'EST QUOI, CETTE PEUR ?

Depuis que nous sommes petits, on nous explique que seule la réussite compte. Nos parents nous félicitaient quand nous obtenions une bonne note et nous reprochaient d'en obtenir une mauvaise. Si bien que certaines personnes n'osent même pas essayer par peur d'échouer. Elles disent « Soit je fais bien du premier coup, soit je ne fais rien du tout ». Cette peur est donc un non-sens car qui peut bien tout faire du premier coup ? Un bébé arrive-t-il à marcher la première fois qu'il se met debout[14] ?

2. ÉVALUE CETTE PEUR

Pour dépasser une peur, il faut d'abord en avoir conscience. Cette peur fait-elle partie de ta vie ? Colorie le nombre de carrés qui correspondent à ta réponse.

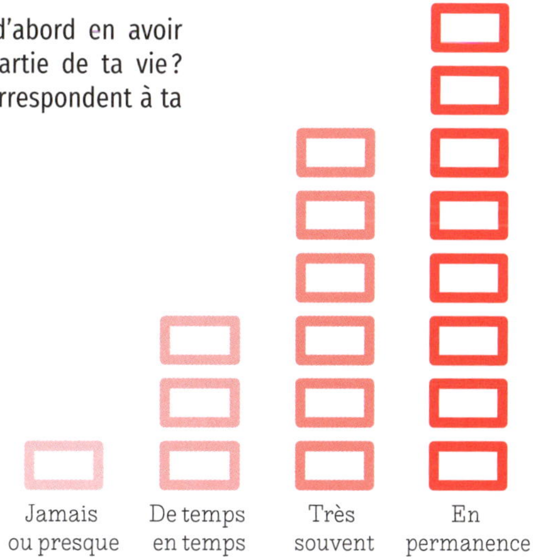

14 Concernant cette peur, l'exercice de visualisation figurant dans les protocoles de base te sera particulièrement utile. N'hésite pas à l'utiliser autant de fois que nécessaire !

QUELLE EST SON INTENSITÉ ?

Si tu la rencontres, quelle est son intensité ? Tu peux l'évaluer en dessinant une croix à côté du nom, sur sa couleur (du gris clair au rose foncé) ou sous le smiley correspondant.

1.	2.	3.	4.	5.	6.	7.
Inquiétude	Stress	Crainte	Angoisse	Panique	Terreur	Détresse

Le succès est toujours précédé d'une succession d'erreurs. Thomas Edison, l'inventeur de l'ampoule à incandescence, a été interviewé par un journaliste qui lui a fait cette remarque : « *Vous avez fait preuve d'une rare détermination pour avoir persévéré malgré plus de 10 000 échecs !* » Il lui a répondu : « *Je n'ai pas échoué. J'ai simplement trouvé 10 000 solutions qui ne fonctionnent pas.* »

Et c'est certainement ton cas aussi. Tu as connu dans ta vie des succès et des échecs dont tu as su te relever.

EXERCICE 1 : J'AI RÉUSSI !

Note ci-dessous au moins dix succès, dix défis que tu as réussi à relever, petits ou grands, alors que ce n'était pas gagné d'avance.

Exemple : *me garer dans un parking souterrain, demander une augmentation…*

1. ....

2. ....

3. ....

4. ....

5. ....

6. ....

7. ....

8. ....

9. ....

10. ....

Note à présent cinq échecs, cinq événements que tu considères avoir ratés dans ta vie. Puis, en face de chacun d'eux, tu noteras ce que cet « échec » t'a permis de faire, de réaliser, de faire progresser, de rencontrer…

MES « ÉCHECS »	CE QU'ILS M'ONT APPORTÉ	EST-CE QUE JE LES CONSIDÈRE TOUJOURS COMME DES ÉCHECS ?

EXERCICE 2 : JE GARDE MES DISTANCES !

Comme nous l'avons vu, nos pensées sont en grande partie responsables de nos peurs. L'idée est d'en prendre conscience pour les mettre à distance.

Note ici une peur liée à l'échec que tu peux ressentir :

Exemple : j'ai peur de ne pas réussir à convaincre mon responsable de me donner une augmentation.

....

Remplace maintenant cette phrase en prenant davantage de distance.

Exemple : mes pensées me disent ou mon esprit me souffle ou ma petite voix me murmure que je ne vais pas réussir.

....

Qu'as-tu envie de répondre à tes pensées, à ton esprit ou à ta petite voix ?

Exemple : j'entends mes pensées (ou ma petite voix, ou mon esprit), mais je décide de ne pas leur donner plus d'importance, ou de faire telle action pour me préparer malgré ma peur, ou de faire naître en moi une pensée plus positive...

....

VARIANTE : DONALD DUCK

Pour mettre tes peurs à distance, tu peux aussi prononcer la première phrase (celle qui exprime ta peur d'échouer ou une autre d'ailleurs) en empruntant une voix amusante, comme celle de Donald Duck, de l'âne dans *Shrek* ou de Calimero. À toi de trouver la voix du personnage qui permettra d'amoindrir ta peur et de lui redonner sa place de construction mentale que tu peux déconstruire, puisque tu en as le pouvoir !

EXERCICE 3 : AI-JE PEUR DE RÉUSSIR ?

Parfois, on pense avoir peur de l'échec, mais si on était vraiment honnête avec soi, on a surtout peur de réussir. La conséquence est la même : la procrastination. Que se passerait-il si je réussissais ? Quelles conséquences potentiellement incontrôlables cela pourrait-il avoir dans ma vie ?

Je te donne quelques exemples ; coche ceux qui pourraient te correspondre ou donne ta propre réponse.

Si je réussissais ...., cela pourrait provoquer :

- ☐ La jalousie de mes proches.
- ☐ Un changement de vie (que je ne contrôle pas).
- ☐ Un changement en moi (je deviendrais prétentieux ou insensible).
- ☐ Une sortie de ma zone de confort.
- ☐ L'éloignement de ma famille, de mes amis.
- ☐ Autre : ....

Demande-toi si cette peur est légitime. Si tu réponds non, remercie-la et demande-lui de s'envoler tel un moustique qui ne sert à rien. Si tu réponds oui, quelle action peux-tu entreprendre pour réduire les risques que cette éventualité survienne ?

....

EXERCICE 4 : ACTION !

Quelle (toute) petite action pourrais-tu mettre en place pour dépasser cette peur et lui montrer qu'elle ne te fait pas peur ?

....

Mon astuce en +

Tu as le droit de considérer que l'échec est le signe que tu n'es pas à la hauteur, que tu es nul ou le dernier des crétins, et qu'il vaut mieux ne pas essayer si cela te chante.

Mais si tu en as assez d'être handicapé par cette peur, tu peux aussi comprendre qu'elle fait partie de la route vers le succès, comme une sorte de *check point*[15], une étape prévisible, un moment propice au questionnement, à la remise en question, au changement de trajectoire ou de stratégie. Ainsi, ton énergie créatrice se réactive et tu rebondis plus vite sur le chemin du succès. C'est alors que de meilleures idées jaillissent, que des opportunités se présentent et que des personnes providentielles pointent le bout de leur nez. Comme par hasard, comme si l'état d'esprit positif attirait à nous le positif... 😉

15 « Point de contrôle. »

« L'abondance est un état mental.
Si vous pensez que vous êtes limités, vous le serez.
Si vous croyez que toutes les possibilités
sont ouvertes à vous, alors elles le seront. »

Jim Rohn, entrepreneur, auteur et orateur américain
dans le domaine du développement personnel

La peur du manque

1. C'EST QUOI, CETTE PEUR ?

La peur du manque peut concerner des domaines très différents comme la peur du manque d'amour, de temps, ou de sens. Celle qui nous intéresse ici, c'est la peur du manque d'argent car elle nous empêche bien souvent d'entreprendre un changement d'ordre professionnel, tel qu'une reconversion. Cette peur est légitime car elle concerne les deux premiers étages de la pyramide de Maslow (voir p. 61) : les besoins physiologiques (se nourrir...) et le besoin de sécurité (avoir un toit sur la tête...). C'est encore plus compréhensible quand on a connu une enfance marquée par le manque d'argent. Pour t'en libérer, tu dois t'efforcer de ne pas la laisser prendre le contrôle de tes émotions et l'apprivoiser.

2. ÉVALUE CETTE PEUR

Pour dépasser une peur, il faut d'abord en avoir conscience. Cette peur fait-elle partie de ta vie ? Colorie le nombre de carrés qui correspondent à ta réponse.

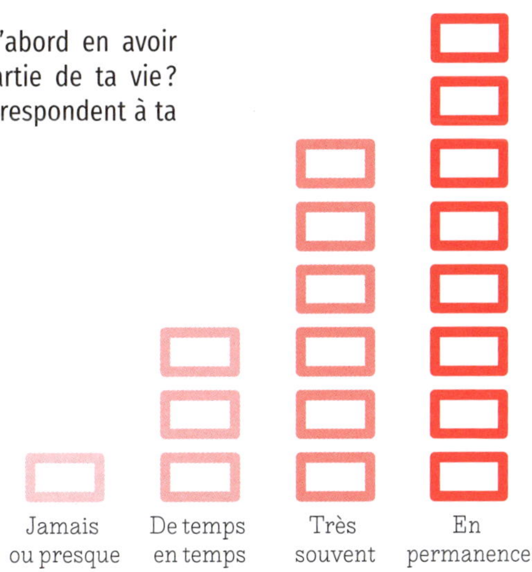

QUELLE EST SON INTENSITÉ ?

Si tu la rencontres, quelle est son intensité ? Tu peux l'évaluer en dessinant une croix à côté du nom, sur sa couleur (du gris clair au rose foncé) ou sous le smiley correspondant.

1. Inquiétude	2. Stress	3. Crainte	4. Angoisse	5. Panique	6. Terreur	7. Détresse

La peur du manque peut concerner des domaines différents : le manque d'argent, de temps, de santé, de joie, d'amour, d'amitié. Avant de continuer, demande-toi de quoi tu as le plus besoin aujourd'hui. Car si l'argent peut aider à nous octroyer plus de temps, une meilleure santé, des activités qui nous mettent en joie, il n'est qu'un moyen et pas l'objectif à atteindre.

EXERCICE 1 : JE CREUSE

La première étape est de comprendre l'origine de ta peur car elle peut être très différente d'une personne à l'autre. Je t'invite à te poser les questions suivantes :

DE QUOI AS-TU LE PLUS PEUR DE MANQUER ?

***Exemple :** j'ai peur de manquer d'argent.*

....

Pourquoi ?

***Exemple :** parce que mes revenus sont très bas.*

....

Pourquoi ?

Exemple : parce que je perds du temps à chercher ce que je pourrais faire pour avoir un revenu d'appoint, au lieu de mettre l'accent sur mon projet.

....

Pourquoi[16] ?

Exemple : parce que j'ai peur de ne pas réussir.

....

Qu'est-ce qui se cache derrière cette peur du manque ?

Exemple : la croyance que je ne suis pas à la hauteur.

....

Pourquoi ?

Exemple : parce que j'ai le sentiment d'être un imposteur.

....

Pourquoi ?

Exemple : parce que je ne reconnais pas toujours ma valeur.

....

Pourquoi ?

Exemple : parce que j'ai du mal à trouver ce qui me distingue des autres, ce qui fait ma force.

....

Que peux-tu faire maintenant pour réduire cette peur[17] ?

Exemple : me concentrer sur un projet et le terminer d'ici fin juin.

....

16 Pose-toi autant de « Pourquoi ? » et de « Comment ? » que nécessaire.
17 Il est possible à ce stade que tu aies compris que ta peur du manque cache en réalité une autre peur (de ne pas être à la hauteur, ou légitime par exemple). Je t'invite donc à retourner faire un tour aux chapitres qui te concernent.

Comment ?

Exemple : en éliminant les distractions.

....

Comment ?

Exemple : en me désabonnant des réseaux sociaux qui ne m'apportent aucune information utile pour mon projet.

....

Quoi d'autre ?

Exemple : en déterminant et en respectant un bloc de 2 heures chaque jour où je ne me consacrerai qu'à cela.

....

EXERCICE 2 : J'ATTIRE L'ABONDANCE DANS MA VIE

Le principal coupable de ta peur du manque, c'est ton état d'esprit. Plus nous croyons qu'il n'y a pas de solutions, que nous ne méritons pas de gagner plus, que seuls les malhonnêtes s'enrichissent, plus nous aurons raison[18] ! En revanche, si nous apprenons à changer nos croyances et nos pensées de façon profonde comme nous l'avons déjà évoqué plus haut, nos nouvelles croyances et nos nouvelles pensées vont nous apporter ce en quoi nous croyons. CQFD.

Je t'invite pour cet exercice à sortir deux minutes d'un raisonnement 100 % logique et mental. Nous allons passer dans une autre dimension, presque spirituelle, liée à la fameuse loi de l'attraction ou encore la loi de l'abondance. Il est ici question de niveaux d'énergie, de ce que l'univers[19] apporte à ceux qui lui demandent quelque chose de précis, et d'autres paramètres que je suis incapable de t'expliquer de façon rationnelle mais que j'ai expérimentés (et proposés à mes clients) à de nombreuses reprises, et dont je constate les effets positifs chaque jour.

18 À cause du biais de confirmation (voir p. 20).

19 Certains l'appellent Dieu, ou l'énergie. Trouve le nom qui te convient le mieux.

Réponds aux questions suivantes :

1. FIXE-TOI UN OBJECTIF

Que veux-tu obtenir en termes financiers, si tout était possible ?

....

Si l'argent n'était pas un problème, que voudrais-tu réellement ?

....

2. FOCALISE-TOI SUR CE QUE TU AS DÉJÀ DANS TA VIE

Dresse une liste détaillée de ce que tu possèdes déjà (amis, amour, santé, logement, frigo, nourriture, électricité, vêtements, décoration...)[20] :

....

....

....

....

....

Prends une minute pour éprouver de la gratitude et de la reconnaissance (envers toi, envers les autres) pour avoir tout cela alors que d'autres ne l'ont pas, en plaçant une main sur ton cœur et en fermant les yeux.

3. CHANGE TON ÉTAT D'ESPRIT

Que faudrait-il pour que (mon objectif) .... arrive dans ma vie ?

....

Qu'est-ce que je dois percevoir, savoir, comprendre et être qui me permettrait d'atteindre mon objectif[21] ?

....

20 Relis cette liste souvent et complète-la au besoin, pour rester dans une énergie d'abondance et non de manque.

21 Même si tu n'as pas la réponse à ces deux questions, là maintenant, en t'interrogeant régulièrement, ton cerveau passe en « mode solutions » et va finir par t'apporter des réponses. Oublie le « comment ? » qui risque de te bloquer dans des croyances limitantes.

Je note au moins 10 raisons pour lesquelles je mérite réellement d'atteindre mon objectif ?

1. ....
2. ....
3. ....
4. ....
5. ....
6. ....
7. ....
8. ....
9. ....
10. ....

Je répète au moins 10 fois par jour et en conscience les phrases suivantes (ou j'en choisis d'autres si elles me parlent davantage) :

- Je mérite le meilleur à tous les niveaux.
- J'ai de la valeur et j'en suis conscient.
- Je suis heureux d'accueillir toute cette abondance dans ma vie.
- Je suis en paix avec l'argent.
- Je suis digne de recevoir de l'abondance dans tous les domaines de ma vie.
- L'argent vient à moi de façon fluide, aisée et joyeuse.
- J'attire l'abondance et la richesse dans ma vie.
- Je vibre le succès et l'abondance.
- En me donnant de la valeur, j'attire à moi plus d'abondance.
- J'accepte l'abondance, je l'accueille avec joie et elle vient à moi maintenant.

EXERCICE 3 : ACTION !

Quelle (toute) petite action pourrais-tu mettre en place pour dépasser cette peur et lui montrer qu'elle ne te fait pas peur ?

....

Mon astuce en +

Comme toutes les peurs, la peur du manque peut s'alléger en prenant conscience de nos pensées et de nos émotions. Mais celle-ci suppose également un vrai lâcher prise par rapport à notre système de croyances et de valeurs et par rapport à notre passé. Elle suppose de se forger une foi puissante en l'avenir, en l'univers ou en une divinité particulière que je te laisse définir en fonction de tes croyances. Cette foi suppose que l'abondance est partout et s'invite chez ceux qui la convoquent en adoptant un état d'esprit positif, une certitude qu'ils méritent le meilleur, et qui reconnaissent que l'abondance est déjà présente dans leur vie à bien des niveaux et qu'ils sont prêts à en attirer davantage. Plus tu cultiveras l'énergie de l'abondance au lieu de celle du manque, plus tu obtiendras ce que tu souhaites. Je sais, ça fait un peu gourou ou perché, dit comme ça, mais c'est testé et approuvé !

3

Les peurs liées à notre estime de nous

Le mot « estime » vient du latin *aestimare*, « évaluer le prix d'une chose, apprécier sa valeur ». L'estime de soi est ainsi l'évaluation et l'appréciation de sa propre valeur.

Lorsque l'on a un bon niveau d'estime de soi, on a donc conscience de sa valeur, de sa place, de sa légitimité et de sa raison d'être. On s'aime tel qu'on est, avec ses qualités et ses défauts et on se respecte.

J'aime comparer l'estime de soi à une bouteille (d'eau, je précise) graduée. Si ton niveau d'estime personnelle est trop bas, tu vas attendre que les autres (ton conjoint, tes enfants, tes parents, tes amis, tes collègues...) la remplissent en t'accordant de la valeur et de la reconnaissance au travers de compliments, de marques de satisfaction ou d'amour. Sur le moment, tu es comblé et ton niveau d'estime grimpe d'un cran ou deux dans la bouteille. Le problème de cette bouteille, c'est qu'elle est magique : tout ce qui vient de l'extérieur finit par s'évaporer et son niveau revient au stade initial car elle ne peut se remplir que de l'intérieur. C'est-à-dire qu'il n'y a que toi qui peux t'apporter cet amour, cette conscience de ta valeur, de ton importance et de ta légitimité. Et c'est possible si tu en fais un objectif !

C’est d’autant plus important qu’une faible estime de soi génère des peurs dont on se serait bien passé :

- de dire non ;
- du conflit ;
- de ne pas être à sa place ;
- de ne pas être aimé ou d’être rejeté.

Au cours du prochain chapitre, je te propose de travailler d’une part sur ton niveau d’estime (histoire de grappiller des points dans la bouteille) et d’autre part de trouver des astuces pour déjouer ces peurs spécifiques.

Protocoles de base

1. J'ÉVALUE MON NIVEAU D'ESTIME

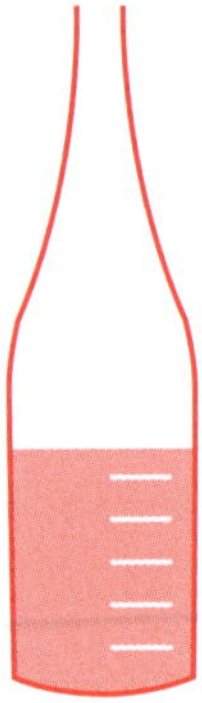

Imagine une bouteille à moitié remplie : elle représente ton niveau d'estime personnelle. C'est une bouteille magique. Si une personne cherche à la remplir en te complimentant et en te rassurant, le liquide remplit la bouteille quelques instants avant de s'écouler et le niveau revient à son stade initial. Tu es le seul à pouvoir remplir cette bouteille et à en élever le niveau. C'est donc à toi seul de prendre conscience de ta valeur, de la belle personne que tu es, de ta valeur, et de ta place. Tu peux gagner des points si tu te donnes l'objectif de progresser d'un cran, un peu plus chaque jour. L'estime de soi peut être fluctuante, en fonction des événements que l'on rencontre dans sa vie. Mais, aujourd'hui, quelle note attribuerais-tu au niveau d'estime de toi-même, sur une échelle de 0 à 10 ? Place une croix sur la jauge ci-dessous pour indiquer où ton estime se situe aujourd'hui.

À noter

10 correspond à une saine estime de soi où tu peux te dire « je m'aime comme je suis, je suis à ma place, mon avis compte, j'ai de l'importance, je suis légitime... ».

De quoi aurais-tu besoin pour gagner un point ?

....

2. RECHERCHE L'INTÉGRITÉ

Pour renforcer ton estime personnelle, pour te sentir légitime et à ta place, tu dois développer ton sentiment d'intégrité. C'est-à-dire que tes actions et tes pensées doivent être cohérentes avec tes valeurs profondes.

Relis la liste de tes valeurs p. 24 et demande-toi si tes actions ou tes pensées sont toutes en adéquation avec tes valeurs profondes.

Exemple : l'une de mes valeurs est le respect mais je ne me respecte pas quand je n'ose pas dire non à quelque chose qui ne me convient pas.

Si ce n'est pas le cas, quelles petites actions pourrais-tu mettre en place pour renforcer ton intégrité ?

Exemple : j'apprends à dire non aux autres et oui à moi-même, pour donner vie à ma valeur respect.

....

À noter

Si tu agis toujours en fonction de tes valeurs, tu te sentiras pleinement aligné et tu ne craindras pas le jugement des autres. Tes valeurs, c'est ta colonne vertébrale, ce qui te procure ce sentiment de justesse et d'épanouissement.

3. AFFIRMATIONS POSITIVES

JE LIS CALMEMENT ET EN PRENANT MON TEMPS TOUTES LES AFFIRMATIONS SUIVANTES :

1. Je suis né pour être vrai, pas pour être parfait.
2. J'ai confiance en moi et en mes décisions.
3. Je mérite d'être heureux.
4. Je m'aime, je suis aimé, aimant et aimable.
5. Ma situation actuelle peut évoluer vers une vie encore plus belle.
6. Je suis fort, je suis capable, je suis serein.
7. Je m'aime, je crois en moi-même et je me soutiens quoi qu'il arrive.

8. J'ai déjà réussi, je réussirai encore.

9. J'aime la personne que je suis, celle que j'étais et celle que je vais devenir.

10. Je suis unique, mon parcours est unique.

11. Ma vie est précieuse, et je l'aime.

12. Je suis reconnaissant pour ce que je suis et ce que j'ai.

13. Je choisis d'être heureux. Je choisis de m'aimer.

14. Je vise le progrès, pas la perfection.

15. Je fais de mon mieux et j'en suis fier.

16. Je m'aime inconditionnellement parce que je suis moi.

17. Je suis déjà assez, tel que je suis.

18. C'est courageux de ma part d'essayer quelque chose de nouveau et de prendre le risque de me tromper.

19. J'en suis capable. Peut-être pas aujourd'hui, ni même demain. D'une manière ou d'une autre, je trouverai un moyen de réussir.

20. Je m'aime, j'aime et je suis aimé.

Choisis l'affirmation qui te touche le plus, et garde-la dans ta tête et dans ton cœur. Note-la sur un carnet ou sur ton téléphone et pose l'intention de te la répéter toute la journée, en conscience.

4. JE MÉDITE

Pour aller encore plus loin, tu peux écouter cette séance de méditation guidée qui t'aidera à développer la bienveillance envers toi-même.

www.editions-eyrolles.com/dl/0101534

« Heureux et libre est celui qui ose dire non ! »

Peter de Genestet, poète et pasteur protestant néerlandais

La peur de dire non

1. C'EST QUOI, CETTE PEUR ?

La peur de dire non rejoint la peur du rejet et celle du conflit que nous verrons plus tard. On craint qu'en disant non, on passe pour un égoïste ou pire, pour une personne qui ne serait pas gentille ! Mais la gentillesse regroupe l'empathie, l'écoute, la bienveillance... Ce qui est très différent de la soumission induite par le oui permanent, qui provoque en nous un sentiment de malaise et de regret. Or, la gentillesse, ça doit nous rendre heureux, pas l'inverse. « Je ne sais pas dire non. » Voilà la phrase que j'entends régulièrement en séance. Généralement, je réponds que si tu ne sais pas dire non aux autres, tu sais en revanche très bien dire non à toi-même.

2. ÉVALUE CETTE PEUR

Pour dépasser une peur, il faut d'abord en avoir conscience. Cette peur fait-elle partie de ta vie ? Colorie le nombre de carrés qui correspondent à ta réponse.

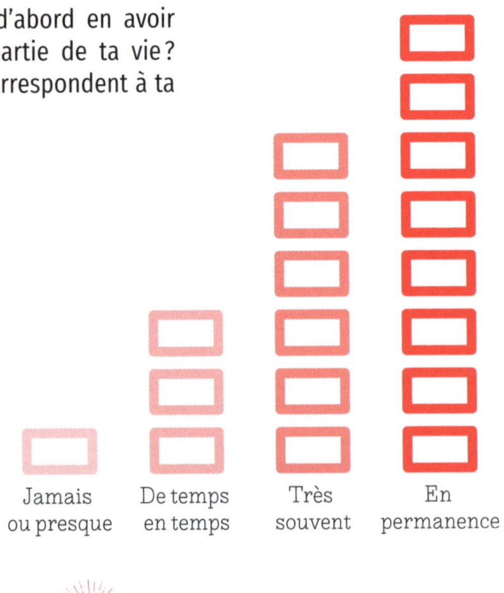

QUELLE EST SON INTENSITÉ ?

Si tu la rencontres, quelle est son intensité ? Tu peux l'évaluer en dessinant une croix à côté du nom, sur sa couleur (du gris clair au rose foncé) ou sous le smiley correspondant.

1.	2.	3.	4.	5.	6.	7.
Inquiétude	Stress	Crainte	Angoisse	Panique	Terreur	Détresse

Quand tu réponds oui à une personne (alors que tu aurais préféré lui répondre non), tu as le sentiment d'être apprécié et aimé. Cela t'apporte de la satisfaction sur le court terme. Mais si tu dis non, tu as le sentiment de te respecter, d'être conforme à tes valeurs et d'atteindre l'objectif que tu t'es fixé p. 26. La satisfaction se poursuivra sur le long terme.

EXERCICE 1 : JE TROUVE DES ALTERNATIVES

Si à la question « Tu peux m'aider à relire mon mémoire ? », tu réponds « non », j'avoue que cela peut sembler abrupt. Je t'invite donc à trouver des façons de dire non plus diplomates et qui te ressemblent davantage.

1. Je diffère ma réponse. Si tu sens que tu risques d'accepter alors que tu n'en as pas envie, propose à la personne de lui répondre prochainement. Note ici le genre de réponses que tu pourrais faire.

Exemple : je dois regarder mon planning avant de te répondre. Je préfère m'assurer auprès de mon mari que nous sommes bien disponibles ce jour-là...

....

2. Je m'analyse. Est-ce qu'en disant oui à l'autre, je me dis non à moi ? Si la réponse est positive, mieux vaut passer ton tour, au risque de te sacrifier.

3. Je trouve des propositions alternatives. Plutôt que d'asséner un non brutal, tu peux trouver une alternative à la demande de la personne.

Exemple : tu peux m'aider à déménager ce week-end ? Oui, mais seulement de 8 heures à 10 heures. Ou encore : Je ne suis pas disponible samedi, mais je peux venir dimanche pour t'aider à déballer les cartons.

Pense à une demande à laquelle tu as dit oui à contrecœur. Quelle autre solution aurais-tu pu proposer ?

....

4. J'adopte la communication non-violente. Encore appelée CNV, elle permet d'obtenir une véritable compréhension entre les parties prenantes sans qu'il y ait de contrainte sur l'autre. Pour cela, tu dois respecter quatre étapes qui se résument sous le sigle OSBD :

- Observer sans juger : j'observe et j'exprime ce qui me dérange, sans jugement, ni interprétation.

Exemple : quand tu ne m'appelles pas pour donner de tes nouvelles pendant une semaine, j'imagine un tas de choses...

- Sentiments : je les exprime en employant le « je » pour éviter d'attaquer l'autre ou de faire des suppositions.

Exemple : j'ai peur qu'il te soit arrivé quelque chose.

- Besoins : j'exprime mon ou mes besoins sans insinuer que l'autre en est responsable.

Exemple : j'ai besoin d'être rassuré et de savoir que tout va bien.

- Demande négociée de solutions : je propose à l'autre de trouver une solution qui nous convienne à tous les deux.

Exemple : comment pourrions-nous faire pour partager des nouvelles une fois par semaine ?

Repense à une demande qui t'a été faite ou qui pourrait t'être faite (même si elle est fictive pour l'exercice). Et trouve une formulation qui respecte les étapes OSBD.

Observation (de la situation) :

....

Sentiments (ce que *je* ressens) :

....

Besoins (les miens, et dont je prends la responsabilité) :

Demande négociée de solutions :

Cela peut paraître fastidieux au début mais avec un peu d'entraînement, tu constateras vite que la CNV est un outil fabuleux pour se faire comprendre avec assertivité, désamorcer un conflit ou même le prévenir. Teste et tu m'en diras des nouvelles !

EXERCICE 2 : JE PASSE EN MODE ADULTE

Selon Éric Berne[22], les états du moi forment les trois composantes principales de la personnalité : le Parent, l'Adulte et l'Enfant. En fonction des contextes et de nos interlocuteurs, nous endossons l'un de ces états du moi.

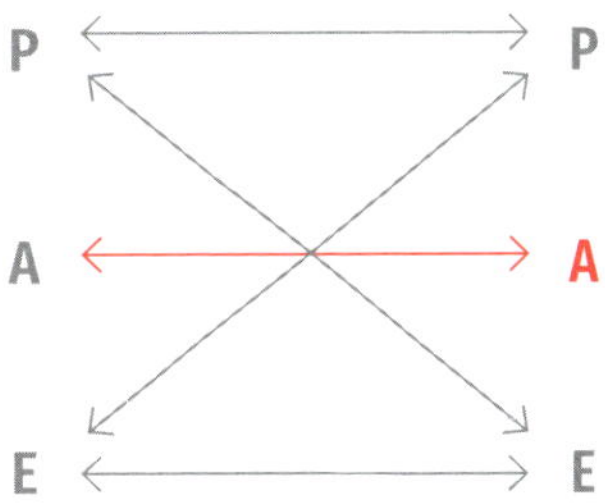

Pour faire court, l'Enfant exprime ses émotions (amour, haine, colère, peur, joie tristesse...), une vie sensuelle, de la créativité, ses motivations, son énergie. Il peut se manifester sous plusieurs formes (rebelle, libre ou soumis).

L'état Parent offre des convictions et des certitudes, des valeurs, des normes, des opinions, une morale, un souci de protection. Là aussi, il peut se manifester en parent normatif (celui qui dicte la règle), de façon positive (protecteur) ou négative (persécuteur). Il peut aussi se comporter en parent nourricier, en positif (permissif) ou en négatif (sauveur).

Enfin, l'Adulte en moi organise, décide, raisonne, pense. Il intègre harmonieusement les désirs de l'Enfant et les valeurs du Parent, ce qui donne le sentiment d'être à l'aise dans la vie.

Quand on dit oui au lieu de dire non, on se positionne en mode Enfant soumis qui aurait peur de la réaction d'un potentiel Parent persécuteur. Quand on ose dire non, on adopte la position de l'Adulte qui décide sans se justifier, sans se sacrifier, et sans abuser de sa position.

Passer en mode Adulte, c'est apprendre à ne pas subir des relations qui ne t'épanouissent pas.

22 Éric Berne est un psychiatre canado-américain, fondateur de l'analyse transactionnelle.

COCHE LES CASES QUI TE CORRESPONDENT D'UNE MANIÈRE GÉNÉRALE :

- ☐ Je ne suis pas contrariant, je fais ce que l'on me demande.
- ☐ Je suis souvent d'accord avec le groupe.
- ☐ Je n'aime pas m'imposer, j'ai toujours peur de déranger.
- ☐ Je ne prends pas d'initiatives, les autres savent mieux que moi.
- ☐ Je suis très respectueux.
- ☐ Je fais en sorte d'être le plus souvent gentil et serviable.
- ☐ Mon avis ne compte pas vraiment.

Si tu as coché plus de trois cases, c'est que tu adoptes très souvent l'état Enfant soumis. On l'appelle aussi la figure de la victime. Pour sortir du mode Enfant soumis, tu peux (progressivement) :

- oser dire non quand ça ne te convient pas (voir exercice 1) ;
- te comporter d'égal à égal avec ton interlocuteur (tout est entendable si c'est dit de façon respectueuse).

EXERCICE 3 : ACTION !

Note ici les actions que tu pourrais mettre en œuvre pour sortir du mode Enfant/victime et oser exprimer ce que tu ressens, et dire non !

Exemple : ***je vais demander à ma mère d'arrêter de m'appeler Boulette. Non, je ne pourrai pas remplacer Simone la semaine prochaine.***

....

....

....

Mon astuce en +

N'oublie pas que quand tu dis non, cela signifie que tu rejettes la demande de la personne, pas la personne elle-même. Cela est vrai aussi si on n'accepte pas l'une de tes demandes. Tu as des tas de raisons valables (surtout si elles impactent tes valeurs) de dire non aux autres, il en est de même pour eux. Ne te sens pas rejeté si une personne te dit non et ne crains pas de faire naître un sentiment de rejet si tu lui dis non.

Ah ! une dernière chose : quelqu'un qui réussit à dire non inspire plus facilement le respect puisque l'on sent bien qu'il se respecte lui-même.

Entraîne-toi et quand tu ressentiras cette sensation de liberté à dire de vrais oui et des non assumés, cela deviendra vite plus facile !

« Ne négocions jamais avec nos peurs, mais n'ayons jamais peur de négocier. »

John Fitzgerald Kennedy, ancien président des États-Unis

La peur du conflit

1. C'EST QUOI, CETTE PEUR ?

Les personnes qui ont peur du conflit ne se sentent pas capables de s'exprimer clairement, d'écouter activement et de trouver des solutions mutuellement satisfaisantes. Cette crainte de mal gérer les conflits amène donc à éviter et à fuir les situations qui pourraient entraîner une dispute afin de maintenir l'harmonie et préserver l'approbation des autres. Lorsque tu as une faible estime de toi-même, tu peux craindre que les conflits mettent en lumière tes insécurités, tes faiblesses ou tes défauts. Tu peux aussi avoir peur de ne pas être en mesure de défendre tes opinions ou de t'affirmer.

2. ÉVALUE CETTE PEUR

Pour dépasser une peur, il faut d'abord en avoir conscience. Cette peur fait-elle partie de ta vie ? Colorie le nombre de carrés qui correspondent à ta réponse.

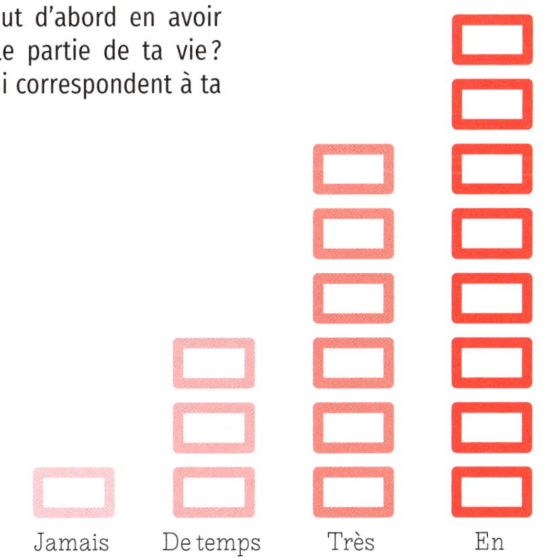

QUELLE EST SON INTENSITÉ ?

Si tu la rencontres, quelle est son intensité ? Tu peux l'évaluer en dessinant une croix à côté du nom, sur sa couleur (du gris clair au rose foncé) ou sous le smiley correspondant.

1.	2.	3.	4.	5.	6.	7.
Inquiétude	Stress	Crainte	Angoisse	Panique	Terreur	Détresse

La peur du conflit repose sur des origines différentes d'une personne à l'autre. Pour certains, ce sera la peur de la violence potentielle, pour d'autres, la peur du rejet ou de l'abandon, ou encore la peur de ne pas être à la hauteur et de perdre ses moyens. Prends le temps d'observer tes réactions face aux situations conflictuelles et identifie les signes de peur qui se manifestent, comme l'anxiété, l'évitement ou la fuite. Tu peux alors comprendre les raisons pour lesquelles elle se manifeste.

EXERCICE 1 : J'EXPLORE MA PEUR

RÉPONDS AUX QUESTIONS SUIVANTES :

Repense à une situation où tu as peur qu'un conflit n'éclate avec une certaine personne. Qu'est-ce qui te fait croire qu'un conflit pourrait survenir ?

....

S'agit-il de raisons objectives (qui reposent sur des faits tangibles) ou subjectives (qui reposent sur des impressions, des émotions) ?

....

Qu'est-ce qui te rend si anxieux face à ce conflit éventuel ?

....

Quelles sont les croyances ou expériences passées qui alimentent ta peur ?

....

S'il devait y avoir un conflit avec ...., qu'est-ce qui pourrait se passer de pire ?

....

Sur quelles autres peurs repose la peur du conflit[23] ?

....

Qu'en déduis-tu ?

....

N'oublie pas que prendre conscience de ta peur ne signifie pas la juger ou te juger toi-même. Sois bienveillant envers toi-même et reconnais que la peur des conflits est une réaction normale et humaine. En t'accordant de la compassion et de l'acceptation, tu créeras un environnement favorable pour dépasser cette peur.

Si un conflit devait advenir avec cette personne, comment cela pourrait-il se passer de façon positive ?

....

Quels bénéfices pourrais-tu en retirer ?

....

23 Je t'invite à faire ou à refaire les exercices des peurs concernées.

EXERCICE 2 : J'APPRENDS À ÉVITER LES CONFLITS

Parmi toutes les règles suivantes permettant d'éviter les conflits, indique de quelle manière tu l'appliques en cochant une croix dans la case correspondante :

RÈGLES D'OR	JAMAIS	DE TEMPS EN TEMPS	TOUJOURS
L'écoute active : tu es attentif aux autres lorsqu'ils s'expriment, sans interrompre ni préjuger. Tu montres de l'intérêt et tu poses des questions pour mieux comprendre leurs points de vue. Tu te mets à la place des autres pour comprendre leurs besoins.			
Pour l'appliquer plus souvent, tu peux t'interdire d'interrompre une personne et la laisser s'exprimer. Si elle ne le formule pas, demande-lui quel est son besoin.			
Expression claire et directe : tu es précis et tu utilises un langage clair pour exprimer tes pensées, besoins et émotions. Tu évites les suppositions et les généralisations.			
Pour l'appliquer plus souvent, tu peux rester présent à ce qui se passe dans ton corps. C'est à travers lui que les émotions se manifestent. Elles signalent un besoin. Exprime ce besoin à l'autre en en prenant toute la responsabilité.			
Un langage non accusatoire : tu privilégies les formulations au « *je* » plutôt qu'au « *tu* » pour éviter de blâmer ou de critiquer l'autre personne. Tu parles de tes propres sentiments et expériences plutôt que de pointer du doigt les erreurs ou les défauts de l'autre.			
Pour l'appliquer plus souvent, tu peux te rappeler que le « tu » tue ! Alors exprime-toi toujours à la première personne et n'attaque pas l'autre si tu ne veux pas qu'il t'attaque.			
Assertivité : tu exprimes tes opinions et tu défends tes droits de manière respectueuse, sans agressivité ni passivité. Tu es confiant dans ta communication, tout en respectant les opinions des autres.			
Pour l'appliquer plus souvent, tu peux passer en mode Adulte plus souvent (voir chapitre précédent).			

RÈGLES D'OR	JAMAIS	DE TEMPS EN TEMPS	TOUJOURS
Gestion des émotions : tu sais reconnaître et gérer tes propres émotions afin de pouvoir communiquer de manière calme et réfléchie et éviter qu'elles ne provoquent un conflit.			
Pour l'appliquer plus souvent, tu peux prendre le temps de respirer pour apaiser tes émotions.			
Une pause : quand tu sens que la situation risque de dégénérer en conflit, tu sais proposer une pause à ton interlocuteur.			
Pour l'appliquer plus souvent, tu peux oser dire à l'autre qu'il est préférable de reporter cette discussion le temps que chacun s'apaise.			
Résolution de conflits : tu sais proposer des solutions gagnant-gagnant qui respectent les besoins des deux parties impliquées.			
Pour l'appliquer plus souvent, tu peux chercher un compromis, une autre option, capable de dépasser vos divergences et qui est recevable par tous.			

EXERCICE 3 : ACTION !

Quelle (toute) petite action pourrais-tu mettre en place pour dépasser cette peur et lui montrer qu'elle ne te fait pas peur ?

....

Mon astuce en +

Personne n'apprécie les conflits, mais certains n'en ont pas peur. Pour t'aider à surmonter cette peur, dis-toi qu'une crise, un conflit, est l'occasion de transformer un mode de fonctionnement, d'apporter du changement dans les relations, les mauvaises habitudes…

En Chine, les mots « crise » et « opportunité » sont traduits par le même idéogramme. Ainsi, tu peux considérer les conflits comme un temps d'évolution, un moment particulier dont chacun peut ressortir grandi. Si tu recherches le consensus à tout prix pour éviter le clash, tu perds donc une occasion d'apprendre et de changer les choses en positif !

« L'équilibre, c'est se sentir à sa place. »

Stephen Carrière, éditeur, écrivain et traducteur français

La peur de ne pas être à sa place

1. C'EST QUOI, CETTE PEUR ?

« Je ne sais pas quelle est ma place, je fais avec la place que j'ai, j'ai l'impression de ne pas être à la bonne place... » Ne pas se sentir à sa place est un sentiment très inconfortable : nous nous sentons souvent incompris, inutiles, seuls (même si nous sommes entourés de gens) et impuissants, car nous ne savons justement pas quoi faire pour trouver notre place. Quelle est notre place dans la vie ou dans la société ? On se pose tous un jour cette question. Ces moments de doute sont une opportunité pour prendre du recul et reconsidérer nos priorités.

2. ÉVALUE CETTE PEUR

Pour dépasser une peur, il faut d'abord en avoir conscience. Cette peur fait-elle partie de ta vie ? Colorie le nombre de carrés qui correspondent à ta réponse.

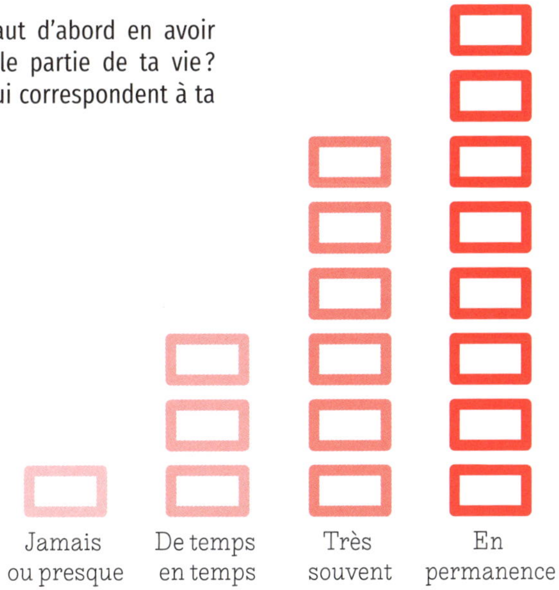

QUELLE EST SON INTENSITÉ ?

Si tu la rencontres, quelle est son intensité ? Tu peux l'évaluer en dessinant une croix à côté du nom, sur sa couleur (du gris clair au rose foncé) ou sous le smiley correspondant.

1. Inquiétude	2. Stress	3. Crainte	4. Angoisse	5. Panique	6. Terreur	7. Détresse

On peut penser qu'on est à sa place parce qu'on a obtenu la reconnaissance de quelqu'un, parce qu'on a acquis une compétence, ou qu'une situation a évolué favorablement (équilibre instable). Mais ce que tu dois chercher à obtenir, c'est un équilibre stable, profond et ancré à l'intérieur de toi. Pour l'atteindre, je t'invite à trouver ton ikigaï.

EXERCICE 1 : JE TROUVE MON IKIGAÏ

Qu'est-ce que c'est que l'ikigaï ? En japonais, *iki* signifie « vie, vivre pleinement » et *gaï* se traduit par « la réalisation de ce qu'on espère ». Ce concept se traduirait donc par « raison de vivre », « sens de la vie », ou encore par « la raison de se lever le matin avec le sourire ». En résumé, il s'agit de trouver ce qui te fait vibrer dans ton existence, ton chemin de vie ou ce pour quoi tu es fait. Quand tu l'auras trouvé, tu sauras ce qui t'anime réellement, et quelle est ta place dans ce monde.

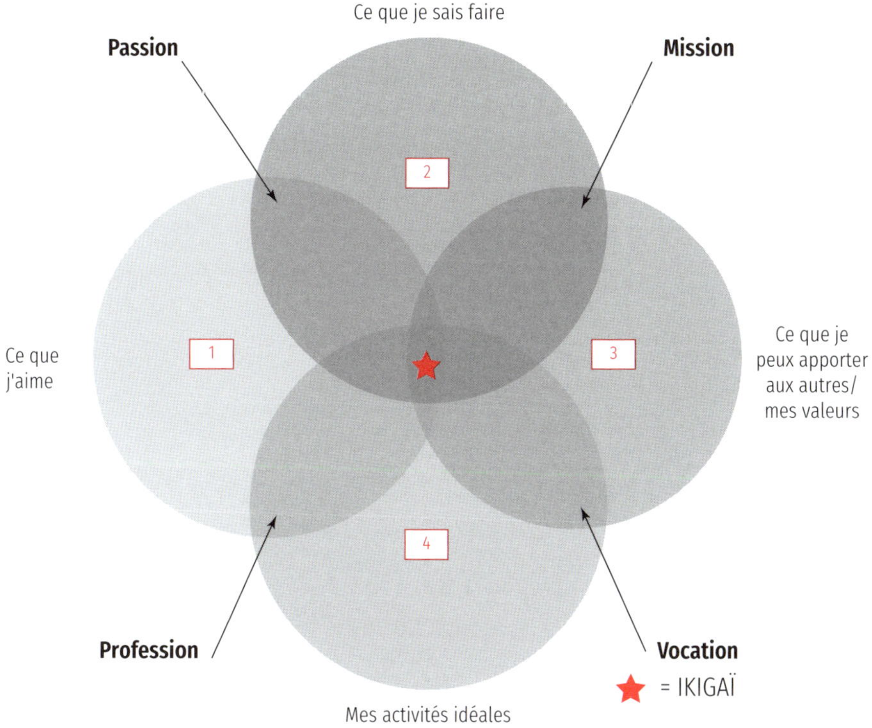

POUR TROUVER TON IKIGAÏ, TU DOIS EXPLORER CES QUATRE CERCLES À TRAVERS :

1. TOUT CE QUE TU AIMES, CE QUI TE FAIT VIBRER.

- Dresse la liste de tes centres d'intérêt, tes passions, des sujets passionnants qui te font vibrer... Pourquoi ? Qu'est-ce que cela dit de toi ?

....

- Quelles passions/activités d'enfance pourrais-tu réintroduire dans ta vie actuelle ?

....

- Quels sont tes lectures, tes séries et/ou tes films préférés ? Pourquoi ? Quel est leur point commun ?

....

- Quelles sont les activités ou les situations où tu peux perdre la notion du temps tellement tu es absorbé ?

....

- Si tu devais écrire un livre ou réaliser un documentaire, sur quel sujet ça porterait ?

....

2. TOUTES TES RESSOURCES, COMPÉTENCES ET SAVOIR-FAIRE.

- Que fais-tu facilement, sans effort, qui te vient naturellement ?

....

- Quelles sont tes compétences professionnelles ?

....

- Qu'est-ce qui te plaît le plus dans ton travail actuel ?

....

- Quel est ton petit truc en plus, ce petit talent ou cette aptitude que tu possèdes et que les autres n'ont pas forcément ?

....

- Quels services as-tu déjà rendus à ton entourage et qui te font plaisir ?

....

3. TES VALEURS ET CE QUE TU PEUX APPORTER AUX AUTRES.

- Dresse une liste de cinq à dix personnes, personnages fictifs, vivants, morts, historiques, politiques, artistiques, sportifs, scientifiques..., que tu admires (ou apprécies). Écris pour quelles raisons tu les admires. Quels sont leurs actions, leurs pensées, leurs traits de personnalité qui te touchent[24] ?

....

24 À lire quand tu auras répondu à la question. On ne peut admirer que des qualités que nous connaissons déjà, que nous avons en nous. Si tu admires ces qualités, c'est que tu les as déjà en toi ou tu sens que tu as besoin de les renforcer.

- Quelles sont les situations qui peuvent te faire perdre ton sang-froid ? Quelles sont les causes ou les situations pour lesquelles tu serais prêt à te battre ? Quelles valeurs cela révèle-t-il en toi ?

- Quelles sont tes valeurs essentielles (voir exercice p. 24) ?

4. TES ACTIVITÉS IDÉALES.

- Quels sont les métiers qui t'attirent, t'intriguent, t'interpellent ?

- Pense à tes proches qui te semblent épanouis dans leur travail : quel métier exercent-ils ? Ces métiers te plairaient-ils ?

- Quelles formations professionnelles ou personnelles envisagerais-tu ?

- Si tout était possible, à quoi ressembleraient tes journées ?

- Quel est le plus grand challenge personnel ou professionnel que tu as envie d'accomplir ?

- Quelles nouvelles activités professionnelles envisages-tu ?

Quand tu as terminé, tu constates que certains thèmes sont redondants. Ces thèmes peuvent être des activités, des valeurs ou des verbes d'action. Regroupe-les par thématique, trouve des synonymes qui te parlent. Les mots choisis doivent pouvoir être déclinés en actions concrètes (ex. : Nature = Faire une randonnée une fois par mois). Ces mots constituent ton ikigaï, ta ligne directrice, les piliers de ta place dans la vie et dans le monde[25]. Demande-toi ensuite par quelles actions concrètes tu peux les faire vivre dans ton quotidien. Et fais-le !

25 Si tu souhaites explorer ton ikigaï, je t'invite à découvrir mon guide *50 exercices pour trouver son ikigaï. Vivre de ce qui vous fait vibrer !*, éditions Eyrolles, 2022.

EXERCICE 2 : J'APPRENDS À PRENDRE MA PLACE

Je suis désolée de te l'annoncer mais personne ne va te dire un beau matin « Tiens, ta place est là, belle journée ![26] ». Ta place, c'est à toi de la prendre. Voici quelques exemples d'actions qui vont t'aider à la prendre en douceur. Note si tu le fais déjà et si ce n'est pas le cas, coche les situations où tu t'engages à le faire davantage.

SITUATIONS	JE LE FAIS DÉJÀ !	C'EST MON NOUVEL OBJECTIF !
Quand j'appelle une personne, je ne m'excuse pas de la déranger.		
Dans une discussion qui m'intéresse, je sais donner mon avis, même s'il est différent de ceux des autres.		
Je m'autorise facilement à parler de mes rêves, de mes projets.		
Je sais exprimer mes besoins, mes envies.		
Je ne suis pas très sensible aux critiques. Si les gens ne m'apprécient pas, je ne me remets pas en question.		
Je sais me faire passer en priorité régulièrement.		
Je ne me compare pas aux autres, chacun est comme il est !		
Je sais me présenter aux autres, sans craindre leur jugement.		
Je sais qui je suis et ce que je vaux.		
Je sais où sont mes limites et je sais les faire respecter.		
Je remplace le « Désolé si je suis trop lent » par « Merci de m'accepter comme je suis ».		

26 Si c'est le cas, fuis, c'est louche !

EXERCICE 3 : ACTION !

Quelle (toute) petite action pourrais-tu mettre en place pour dépasser cette peur et lui montrer qu'elle ne te fait pas peur ?

....

Mon astuce en +

Quand nous étions enfants, nos parents nous ont appris à ne pas déranger les grandes personnes, à ne pas faire de bruit, à laisser parler les adultes. En grandissant, on a tendance à généraliser cette injonction : « Il ne faut pas déranger les autres. » Pourquoi ? En quoi notre demande légitime dérangerait-elle les autres ? Serions-nous moins importants que les autres ? N'aurions-nous pas le droit d'agir (ou même de vivre) ? Occuperions-nous une place que nous ne méritons pas[27] ? Pourtant, cette peur nous bloque dans nos efforts d'affirmation de nous-mêmes. Si tu t'affirmes, tu prends ta place, quitte à déranger les autres par ta présence. Il y a néanmoins une différence entre « prendre sa place » et « prendre toute la place ». L'objectif n'est pas de te mettre en avant et d'attirer toute l'attention sur toi, mais simplement d'oser exprimer tes besoins et de chercher à les satisfaire. Et ça commence maintenant !

27 Spoiler : la réponse est NON !!!!!

« Celui qui ne donne rien n’a rien.
Le plus grand malheur n’est pas
de ne pas être aimé, mais de ne pas [s’]aimer[28]*. »*

Albert Camus, écrivain, philosophe et journaliste français

28 Ce « s’ » n’est pas d’Albert Camus, mais je trouve qu’ainsi, la citation sert mieux mon propos et elle est encore plus vraie, tu ne trouves pas ?

La peur de ne pas être aimé, d'être rejeté

1. C'EST QUOI, CETTE PEUR ?

La peur de ne pas être aimé est sans doute sous-jacente à toutes les autres, car de celle-ci dépend notre subsistance. Il y a des milliers d'années, faire partie d'un groupe social rendait la survie plus probable, et cette nécessité a été transmis par nos gènes. Ainsi, aujourd'hui, le besoin d'appartenance[29] et de reconnaissance fait partie des fondamentaux. Une personne qui a peur de ne pas être aimée ou d'être rejetée par les autres va tout faire pour que les autres l'aiment, ce qui renforce son état de dépendance affective. Le problème, comme nous l'avons vu p. 61, c'est que nous sommes les seuls capables de remplir notre bouteille d'estime et d'amour de nous-mêmes.

2. ÉVALUE CETTE PEUR

Pour dépasser une peur, il faut d'abord en avoir conscience. Cette peur fait-elle partie de ta vie ? Colorie le nombre de carrés qui correspondent à ta réponse.

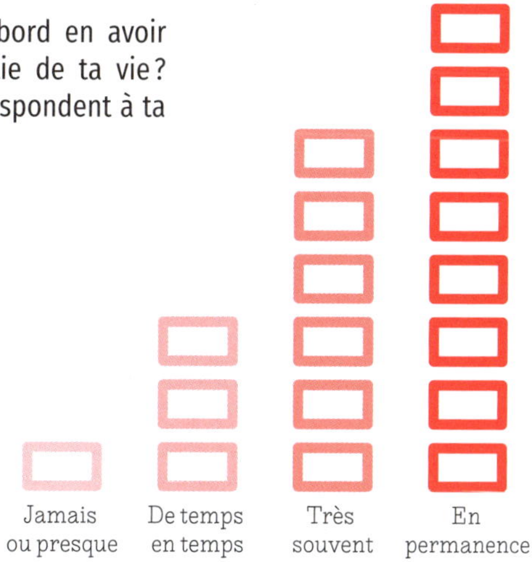

29 Toujours en référence à Maslow et à sa pyramide.

QUELLE EST SON INTENSITÉ ?

Si tu la rencontres, quelle est son intensité ? Tu peux l'évaluer en dessinant une croix à côté du nom, sur sa couleur (du gris clair au rose foncé) ou sous le smiley correspondant.

1. Inquiétude	2. Stress	3. Crainte	4. Angoisse	5. Panique	6. Terreur	7. Détresse

Est-il possible d'être apprécié de tout le monde ? Non ! Même les plus grands sages (Mère Teresa, Gandhi, Jésus) ont leurs détracteurs. Et toi, tu aimerais que tout le monde t'aime ? Même ceux que tu n'aimes pas ? Car il y a certainement des personnes que tu aimes moins que d'autres, voire que tu ne peux pas voir en peinture. L'important, c'est que tu sois aimé par des personnes qui aiment celui ou celle que tu es vraiment, sincèrement et authentiquement. La seule personne que tu ne dois pas rejeter, c'est toi-même. Sinon, tu attireras à toi des personnes qui ne te correspondent pas vraiment.

EXERCICE 1 : JE T'AIME, JE NE T'AIME PAS

Dresse ici la liste des personnes que tu n'apprécies pas :

Pour quelles raisons tu ne les apprécies pas ?

Ces raisons sont-elles objectives (basées sur des faits) ou subjectives (basées sur des impressions, des émotions) ?

....

....

En quoi ces personnes sont-elles différentes de toi ?

....

....

Ont-elles des valeurs différentes des tiennes ? Lesquelles ?

....

....

As-tu envie ou besoin d'être apprécié par ces personnes ?

....

....

Dresse à présent la liste des cinq personnes que tu aimes le plus (en dehors de ta famille) :

....

....

....

Pour quelles raisons les apprécies-tu ?

....

....

En quoi ces personnes te ressemblent-elles ?

....

....

Ont-elles des valeurs semblables aux tiennes ? Lesquelles ?

....

....

As-tu envie ou besoin d'être apprécié par ces personnes ?

....

....

De qui as-tu besoin d'être apprécié ?

....

....

Quelle conclusion tires-tu de cet exercice ?

....

....

EXERCICE 2 : LES LANGAGES DE L'AMOUR

Quand on a la peur de ne pas être aimé ou d'être rejeté, on attend (exige ?) des marques d'amour, de reconnaissance, de gratitude, d'acceptation. Tu espères qu'elles te parviennent sous la même forme que celle que tu utilises pour témoigner de ton amour/affection/reconnaissance aux autres. Cela peut passer par les mots, les attentions, le temps accordé à l'autre, la tendresse, ou encore les services rendus.

Mais tu dois savoir que nous ne partageons pas tous le même langage pour exprimer notre amour (et c'est valable en amitié ou en amour). Tu reçois sans doute déjà des marques d'affection, mais tu ne les perçois pas comme telles car elles ne sont pas les mêmes que les tiennes !

Je t'invite donc à comprendre quel est ton propre langage de l'amour en répondant aux questions suivantes :

- Dans ce que ton conjoint/tes proches font (ou omettent de faire), qu'est-ce qui te blesse le plus ?
- Qu'as-tu le plus souvent réclamé de la part de ton conjoint/tes proches ?
- Comment exprimes-tu généralement ton amour ?

CLASSE ENSUITE PAR ORDRE DE PRÉFÉRENCE TON LANGAGE PRIVILÉGIÉ (ON EN A SOUVENT PLUSIEURS, MAIS PAS AU MÊME NIVEAU) :

1. Les paroles valorisantes. Tu apprécies particulièrement :

- les compliments verbaux et sincères ;
- les paroles d'encouragement ;
- les paroles aimables qui expriment des sentiments personnels ;
- les excuses et la reconnaissance des torts, le pardon accordé ;
- les paroles humbles et les requêtes (qui ne sont pas des exigences).

2. Les moments de qualité. Tu accordes à l'autre une attention totale et sans partage, à « offrir des minutes de vie », à créer des émotions. Ces moments de qualité peuvent se traduire de plusieurs manières :

- juste être ensemble (être unis, sur la même longueur d'onde, être accordés) ;
- des dialogues de qualité ;
- des discussions profondes (parler de nos émotions, s'ouvrir à l'autre, révéler les doutes, les peurs et la vulnérabilité qui nous tenaillent) ;
- des activités de qualité.

3. Les cadeaux. Tu apprécies de recevoir quelque chose que tu peux tenir dans ta main en te disant qu'il ou elle a pensé à toi. La valeur marchande n'a ici pas d'importance. Ces cadeaux peuvent être achetés, trouvés ou confectionnés, ou s'apparenter à une forme de don de soi, de notre présence.

4. Les services rendus. Tu apprécies toutes les aides et assistances qui exigent de la réflexion, de l'organisation, du temps, de l'effort et de l'énergie. Quand ces services sont accomplis dans un esprit positif, ils sont d'authentiques expressions d'amour.

5. Le contact physique. Tu es particulièrement sensible au toucher (une caresse, une main dans les cheveux, les mains entrelacées, les baisers, les enlacements, les relations sexuelles entre partenaires adultes et consentants bien entendu).

Il est important de connaître son propre langage pour pouvoir y répondre par nous-mêmes dans un premier temps, puis pour l'exprimer et l'expliquer à l'autre (conjoint, amis, relations). En effet, rappelle-toi que tu es responsable de tes besoins émotionnels :

- Sur une échelle de 0 à 10, quelle note correspond à ton niveau d'amour envers toi-même ?

....

- Que peux-tu faire pour élever ce niveau en fonction de ton langage de l'amour ?

Exemple : m'offrir un bouquet de fleurs, me féliciter d'avoir réussi mes lasagnes…

....

Si tu es en couple, vous pouvez vous poser les mêmes questions :

- Sur une échelle de 0 à 10, quelle note correspond à ton niveau d'amour envers toi ?

....

- Que peux-tu faire pour élever ce niveau en fonction de ton langage de l'amour ?

....

- Qu'aimerais-tu que je fasse en fonction de ton langage ?

....

EXERCICE 3 : JE M'AIME COMME JE SUIS

APPRENDRE À S'AIMER, C'EST UNE COMPÉTENCE. ET COMME TOUTE COMPÉTENCE, ELLE SE TRAVAILLE ET S'EXERCE !

Dans le cadre ci-après, dessine-toi en grand au milieu et note autour de toi toutes les raisons pour lesquelles tu es « aimable » au sens propre, toutes tes qualités, tes belles valeurs, tes capacités… Bref, tout ce qui fait de toi une personne géniale !

Si tu sèches, demande à une personne qui t'aime de t'aider. 😉

EXERCICE 4 : ACTION !

Quelle (toute) petite action pourrais-tu mettre en place pour dépasser cette peur et lui montrer qu'elle ne te fait pas peur ?

....

Mon astuce en +

Tout le monde ne part pas dans la vie avec les mêmes bagages et notre capacité à nous aimer en fait partie. Mais nous pouvons faire ce chemin, un pas après l'autre, en reconnaissant ce qui nous plaît chez nous, que ce soit sur le plan physique, moral, intellectuel, social, sportif...

L'idée n'est pas de se demander où nous sommes les meilleurs ou parfaits, mais juste bien.

Ça demande du temps, de la répétition, de la tolérance, de la volonté, de la bienveillance et de la douceur. Mais c'est le plus beau cadeau que tu peux te faire. Si tu apprends à t'aimer vraiment, plus rien ne pourra te déstabiliser ou te faire peur... 😉

4

Les peurs liées à notre histoire

Depuis le début de ce guide, nous nous sommes penchés sur des peurs liées au futur et à la supposition que celui-ci sera dangereux, négatif ou désagréable.

Mais certaines de nos peurs sont aussi liées à notre passé. Nous avons tous une histoire, avec son lot de joies et de peines, de bonheur et de traumatismes plus ou moins importants. Des événements malencontreux ont provoqué des émotions désagréables, comme la tristesse, la colère ou la peur. Toutes ont laissé une cicatrice que nous ne voulons pas raviver. Pour nous protéger et anticiper les dangers, nous nous sommes donc forgé un système de croyances. Ces croyances sont devenues des vérités, une vision du monde qui peuvent générer des peurs que nous ne remettons pas en cause parce que « nous sommes comme ça ».

Par exemple, si un parent ou un instituteur t'a dit un jour que tu étais nul, tu crois toujours que tu es nul et tu as peur du jugement. Ou encore, si tu as échoué à un examen, tu es convaincu que tu n'es pas capable de réussir un concours et tu as une peur féroce de l'échec.

Tu dois comprendre une chose importante : **le passé est un conseiller, pas un déterminant!** Ce qui t'est arrivé dans le passé peut t'aider à comprendre certaines situations, à évoluer, mais il ne présage ni ne détermine en rien ce qui va se passer à l'avenir. Ton passé t'a construit, il ne t'a pas détruit : il t'a rendu fort ou vulnérable, enthousiaste ou pessimiste, entreprenant ou timoré, aimant ou craintif. Mais tu as aujourd'hui le pouvoir de regarder ce passé comme une recette de cuisine que tu connais par cœur. Prenons celle de l'omelette : tu peux y mettre des œufs et des pommes de terre, une goutte d'huile pour la faire cuire. Si tu suis toujours la même recette, elle aura toujours le même goût. Mais tu peux aussi décider de changer les ingrédients et remplacer les œufs de poule par un œuf d'autruche, les pommes de terre par des poivrons et des champignons, ajouter une cuillère de crème, une pincée d'estragon et même des pignons. Cette recette reste celle d'une omelette, mais il s'agit de ton omelette à toi, qui ne ressemble à celle de personne, parce que tu l'as créée avec tes ingrédients, en te servant de ce que tu as appris et en y ajoutant ce que tu veux qu'elle soit.

Tu peux faire la même chose avec ton passé et les peurs qui y sont liées. Observe ton histoire, examine ses ingrédients avec autant de neutralité que possible, analyse ceux que tu peux interpréter autrement, ceux qui t'ont aidé à devenir l'être merveilleux qui lit ces lignes, et décide ce que tu veux modifier pour créer ta propre histoire et ton nouveau présent.

Cette technique repose sur des études de neurosciences qui expliquent qu'on ne peut pas changer son passé, mais on peut changer le regard que l'on pose sur lui et la manière dont on s'en sert. C'est là qu'est ton pouvoir ! 😊

Protocoles de base

La plupart des peurs proviennent de la mémoire d'un incident qui t'a fait peur dans ton passé. Tu as pris l'habitude de croire à cette peur, de lui donner du pouvoir jusqu'à ce qu'elle devienne une vérité pour toi. La peur émerge en toi quand tu te réfères à cette mémoire, c'est-à-dire à ce qui t'est déjà arrivé ou à ce que tu as déjà entendu, vu, senti, goûté ou touché.

Pour la transformer et t'en débarrasser, tu peux discuter avec elle.

1. JE REPÈRE MA PEUR

Identifie cette peur à laquelle tu penses et dont les origines se trouvent dans ton passé et qui te gênent dans le présent (ex. : la peur du jugement, la peur de ne pas être aimé...).

2. J'EXPRIME MES ÉMOTIONS

Éclaire les blessures qui se cachent derrière tes peurs en créant des phrases comme dans les modèles ci-dessous :

- La peur du jugement : « À l'âge de ....[30], je me suis senti[31] jugé par[32]......... quand il ou elle ....[33]. »
- La peur de ne pas être aimé : « À l'âge de ...., je me suis senti rejeté par .... quand il ou elle a .... »

30 Précise l'âge que tu avais pour intégrer que l'événement relève du passé et concerne l'enfant en toi.
31 Utilise les termes « Je me suis senti ». Cette formule te dissocie du comportement de l'autre et te recentre sur ton ressenti.
32 Nomme bien les personnes concernées en ne tombant ni dans la justification pour protéger l'autre, ni dans l'accusation. L'objectif est de distinguer ce qui t'appartient de ce qui appartient à l'autre.
33 Mentionne le comportement de l'autre à ton égard, de façon factuelle, sans le juger ni l'analyser.

3. JE DÉSACTIVE MA PEUR ET MES ÉMOTIONS DÉSAGRÉABLES

Tu comprends alors que ta peur est née d'un événement ou du comportement d'une personne que l'adulte que tu es devenue peut comprendre et analyser. Il peut aussi saisir que cette peur ne te définit pas et que tu peux la désactiver. Ainsi, chaque fois que tu ressens cette peur, répète à haute voix la phrase que tu as créée. Tu pourrais ressentir d'autres émotions telles que le dégoût, la colère, ou encore la tristesse. Accueille-les sans jugement. Cet exercice t'aidera à apaiser la charge émotionnelle qui se cache derrière ces peurs liées à ton passé et à les faire progressivement disparaître.

« Nous sommes ce que nous pensons.
Avec nos pensées, nous bâtissons notre monde. »

Bouddha, philosophe et enseignant spirituel,
fondateur du bouddhisme

Les peurs liées à mes croyances

1. C'EST QUOI, CETTE PEUR ?

En réalité, toutes les peurs que nous avons évoquées jusqu'ici sont basées sur des croyances. Nous croyons qu'on va dire du mal de nous, que nous ne serons pas à la hauteur, que nous allons être rejetés si l'autre comprend que nous ne sommes qu'un imposteur… Et ces croyances proviennent du passé, de nos expériences désagréables dont nous avons cherché à tirer des leçons, des conclusions. Si nous avons perdu nos moyens lors d'un exposé en classe, nous croyons que nous ne sommes pas bons en prise de parole en public et nous avons peur de nous exprimer devant une large assemblée.

2. ÉVALUE CETTE PEUR

Pour dépasser une peur, il faut d'abord en avoir conscience. Cette peur fait-elle partie de ta vie ? Colorie le nombre de carrés qui correspondent à ta réponse.

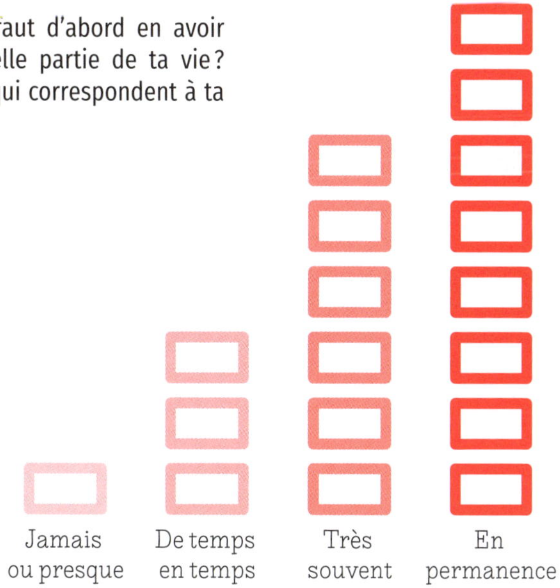

QUELLE EST SON INTENSITÉ ?

Si tu la rencontres, quelle est son intensité ? Tu peux l'évaluer en dessinant une croix à côté du nom, sur sa couleur (du gris clair au rose foncé) ou sous le smiley correspondant.

1.	2.	3.	4.	5.	6.	7.
Inquiétude	Stress	Crainte	Angoisse	Panique	Terreur	Détresse

Le problème avec les croyances, c'est qu'elles constituent notre réalité, notre vérité. Oui, toutes les vaches sont dangereuses et méchantes puisque l'une d'elles m'a écrabouillé le pied quand j'étais enfant. L'exemple est caricatural, mais si tu es honnête, tu verras qu'il peut se transposer à bien d'autres sujets.

Je t'invite à repérer quelques-unes de tes croyances.

EXERCICE 1 : J'IDENTIFIE MES CROYANCES

1. Pense à un secteur de ta vie où les choses t'inquiètent (amour, famille, travail, argent, santé...). Note-le dans le tableau ci-après et complète-le :

DOMAINE CONCERNÉ	QU'EST-CE QUE JE PENSE À PROPOS DE CE SUJET ? QUELS SONT MES IDÉES PRÉCONÇUES, MES CROYANCES[34] ?	CE QUE TU PENSES DES AUTRES PAR RAPPORT À CE SUJET	CE QUE TU PENSES DE TOI À PROPOS DE CE SUJET
Travail	*Pour réussir dans son travail, il faut savoir se vendre.*	*Tous ceux qui réussissent savent se faire mousser, quitte à dénigrer les autres.*	*Je crois que je ne sais pas me vendre, que je ne suis pas assez compétent dans mon travail et que les autres sont mieux que moi.*

2. Ensuite, essaie de retrouver l'origine de cette croyance en te posant les questions suivantes :

- Quand a commencé cette croyance ?

Exemple : ***quand j'étais à l'école primaire.***

....

34 Nos croyances se repèrent quand on utilise les termes « toujours » ou « jamais » ou quand on généralise à outrance : « Tous les hommes sont… » ou « Les Français sont… »…

- Qu'est-ce que tu as vu et/ou entendu à propos de ce sujet ?

Exemple : ***ma maîtresse d'école me rabaissait toujours devant les autres en me disant que je n'arriverais jamais à rien.***

....

- Quel est le bénéfice de cette croyance ?

Exemple : ***je ne me confronte pas à l'opinion de mes supérieurs sur mon travail, je ne risque donc pas d'être humilié.***

....

- Quel ressenti éprouves-tu quand tu conserves cette croyance ?

Exemple : ***je me sens triste et j'ai peur d'être rejeté.***

....

3. Essaie à présent d'identifier ce que tu ressens à propos de cette croyance. Laisse les émotions s'exprimer librement et ressens l'apaisement qui leur succède.

EXERCICE 2 : JE DÉSACTIVE MES CROYANCES

1. Maintenant que tu as cerné l'une de tes croyances, demande-toi quels sont ses inconvénients et ses conséquences sur ta vie. Note-les en essayant d'être exhaustif.

Exemple : ma croyance est que je suis moins bien que les autres.

....

2. Même si tu n'as pas de qualités artistiques, efforce-toi de représenter ce problème sous la forme d'un dessin. Laisse parler ton imagination et ton intuition.

Exemple : ***je dessine un petit bonhomme triste entouré d'autres personnages forts et souriants bien plus grands que lui.***

3. Donne un surnom (dévalorisant si possible) à ce problème.

Exemple : Calimero.

4. Quels sont les bénéfices de [surnom] ? De quoi te préserve-t-il ? Écris-en plusieurs.

Exemple : il me préserve du jugement des autres parce que je reste dans l'ombre.

5. Que pourrais-tu faire à partir de maintenant pour que [surnom] devienne ton allié ?

Exemple : je pourrais demander à Calimero de n'intervenir que quand je suis en situation de danger réel. Je lui demanderais de me rappeler toutes les fois où j'ai été à la hauteur…

6. Quand tu as cette relation apaisée avec [surnom], comment te sens-tu ? Qu'est-ce que cela te permet de faire ?

Exemple : ***je me sens plus confiant, je suis plus souriant, j'ose parler de ce que je fais.***

....

7. Quel serait le surnom (valorisant) de cet autre personnage (confiant, souriant, audacieux...) que tu deviendras en faisant alliance avec lui ?

Exemple : ***Indiana Jones.***

....

8. Dessine-le ici, puis dessine l'autre personnage et la nouvelle relation entre eux à l'aide de mots-clés, de symboles...

9. Liste ici les actions faciles et concrètes pour donner davantage la parole à [surnom valorisant] :

....

....

....

10. Relis ta croyance initiale et vois si elle a perdu en intensité.

EXERCICE 3 : ACTION !

Quelle (toute) petite action pourrais-tu mettre en place pour dépasser cette peur et lui montrer qu'elle ne te fait pas peur ?

....

Mon astuce en +

Prendre conscience de ses croyances et les questionner, c'est primordial, surtout quand elles sont limitantes (tu en as aussi de très utiles, heureusement).

Cela a une influence sur la valeur que tu t'accordes (« *Tu vaudras aux yeux des autres ce que tu seras à tes yeux.* », proverbe latin), sur tes peurs (« *La peur n'est pas réelle. C'est un produit des pensées que vous créez. Le danger est très réel. Mais la peur est un choix.* », Will Smith), ou encore sur ta capacité à rêver et à entreprendre (« *Tout le monde savait que c'était impossible. Il est venu un imbécile qui ne le savait pas et qui l'a fait.* », Marcel Pagnol).

Et si ces citations ne t'ont pas convaincu, je partage avec toi l'une de mes préférées et que je me répète souvent : « *Rien ne t'emprisonne si ce n'est tes pensées. Rien ne te limite si ce n'est ta peur. Rien ne te contrôle si ce n'est tes croyances.* », Marianne Williamson.

Tu ne pourras rien changer si tu crois profondément que c'est impossible. Mais si tu te demandes « De quelle façon ce serait possible ? », alors tu commences à trouver des solutions.

« Si vous faites ce que vous avez toujours fait,
vous obtiendrez ce que vous avez toujours eu. »

Anthony Robbins, entrepreneur,
coach en développement personnel et auteur américain

Les peurs liées à mes expériences passées

1. C'EST QUOI, CETTE PEUR ?

Cette peur part du postulat que ce qui nous a blessés dans le passé risque de nous blesser dans le futur. C'est un mécanisme de défense naturel visant à nous protéger. Le problème, c'est le biais de généralisation qui nous amène à tirer des conclusions hâtives. Si, par exemple, tu as pris un taxi dont le chauffeur était désagréable, tu vas penser que tous les chauffeurs de taxi sont désagréables, alors qu'on sait qu'il y en a au moins un qui est sympa (Oui-Oui !). Ce biais nous amène à rétrécir notre vision de la réalité, à reproduire des schémas qui ne nous sont pas ou plus utiles et à rester dans une peur qui n'a pas lieu d'être.

2. ÉVALUE CETTE PEUR

Pour dépasser une peur, il faut d'abord en avoir conscience. Cette peur fait-elle partie de ta vie ? Colorie le nombre de carrés qui correspondent à ta réponse.

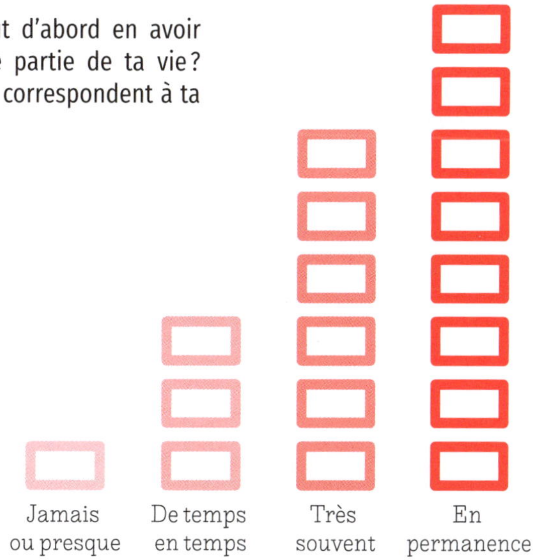

QUELLE EST SON INTENSITÉ ?

Si tu la rencontres, quelle est son intensité ? Tu peux l'évaluer en dessinant une croix à côté du nom, sur sa couleur (du gris clair au rose foncé) ou sous le smiley correspondant.

1. Inquiétude	2. Stress	3. Crainte	4. Angoisse	5. Panique	6. Terreur	7. Détresse

EXERCICE 1 : JE DÉCORTIQUE MA PEUR

Repense à une expérience passée qui a pu générer de la peur en toi (ex. : une prise de parole en public désastreuse). Ferme les yeux et revis cet instant (je sais, ce n'est pas agréable, mais il faut en passer par là).

Fais remonter en toi les faits (le lieu, la date approximative, le contexte, les personnes en présence...) et les émotions ressenties et leurs manifestations corporelles.

Ensuite, ouvre les yeux et complète le tableau.

SITUATION	FAITS	ÉMOTIONS	MANIFESTATIONS CORPORELLES
Exemple : un exposé qui s'est mal passé.	*Au collège, en cours de français, devant toute la classe, exposé sur la démonologie au Moyen Âge.*	*Honte, déception.*	*Visage rouge, paumes moites, larmes aux yeux, pouls élevé.*

À présent, analyse la situation et passe en mode solutions (tu peux aussi te référer à une autre expérience où tu as pris la parole et qui s'est bien passée).

SITUATION	SOLUTIONS ENVISAGÉES	MANIFESTATIONS CORPORELLES ENVISAGÉES	ÉMOTIONS SUSCEPTIBLES D'ÊTRE RESSENTIES
Exemple : prise de parole en public dans mon entreprise.	- *Prendre le temps de préparer autant le fond (le sujet) que la forme (techniques de prise de parole via un cours de théâtre et des tutos en ligne).* - *Trouver des astuces pour ne pas me laisser perturber.*	- *Contrôler ma respiration.* - *Sourire pour renforcer ma confiance en moi.* - *Regarder les gens dans les sourcils.*	*Calme, sérénité, fierté.*

En effectuant cet exercice, tu trouves une solution à un problème qui t'enquiquine depuis un bon moment et en même temps, tu envoies un message à ton cerveau lui expliquant que cette situation passée doit être considérée comme un apprentissage et non comme une prophétie autoréalisatrice. C'est toi qui contrôles ta vie, pas tes peurs !

EXERCICE 2 : MES ERREURS SONT DES PROFESSEURS !

Pense à une expérience passée (la même que dans l'exercice 1 ou une autre), un de ces événements douloureux qui a laissé des traces susceptibles de générer des peurs encore aujourd'hui.

Mais il t'a sans doute laissé autre chose de plus positif, qui t'a aidé, d'une façon ou d'une autre.

Considère cet événement et évalue sa charge émotionnelle sur une échelle de 1 à 10 (1 = ça ne me fait plus grand-chose, 10 = ça me fait encore souffrir) : ....

Puis réponds aux questions suivantes (ne cherche pas *la* bonne réponse, écris ce qui te vient spontanément, laisse-toi surprendre par ton inconscient).

Cet événement m'a aussi permis :

- de comprendre : ....
- d'apprendre : ....
- de rencontrer : ....
- de développer (compétences, qualités…) : ....
- de me lancer dans : ....
- de réduire : ....
- de me réconcilier avec : ....
- de me séparer de : ....
- de dire : ....
- d'être plus : ....
- d'être moins : ....
- de changer : ....
- d'arrêter : ....
- d'aller : ....
- de réaliser : ....

Quel regard portes-tu maintenant sur cette situation ?

....

La note liée à la charge émotionnelle a-t-elle changé ? ....

EXERCICE 3 : ACTION !

Quelle (toute) petite action pourrais-tu mettre en place pour dépasser cette peur et lui montrer qu'elle ne te fait pas peur ?

....

Mon astuce en +

J'aimerais partager avec toi un proverbe chinois : « *Hier est derrière, demain est un mystère, mais aujourd'hui est un cadeau, c'est pour cela qu'on l'appelle présent.* » Nous avons tous vécu des expériences déplaisantes dans le passé. Face à elles, nous avons trois choix :

1. Les nier, et faire comme si elles n'avaient pas existé.

2. Nous en servir pour justifier nos manquements et nos difficultés.

3. Les transcender en opportunités et en tremplin, histoire de montrer à la vie que nous savons transformer le charbon en diamant. C'est ce qu'on appelle la résilience.

Quel sera ton choix ?

« L'homme se découvre quand il se mesure à l'obstacle. »

Antoine de Saint-Exupéry, écrivain, poète et aviateur français

Les peurs liées à l'histoire de ma famille

1. C'EST QUOI, CETTE PEUR ?

Il y a deux façons de considérer cette peur. Dans un premier temps, on peut considérer que nous avons hérité des peurs de nos parents. Si eux-mêmes avaient peur de ne pas être aimés, ou de dire non par exemple, il est possible que nous éprouvions les mêmes craintes dans ces domaines.

Mais nous pouvons aussi évoquer les peurs transgénérationnelles, ces traumatismes et non-dits vécus par les ancêtres d'un individu qui se répercutent sur ce dernier jusqu'à induire inconsciemment des troubles de nature psychologique ou physique. Si tu penses être concerné par cette question, je t'invite à consulter un thérapeute spécialisé dans les troubles transgénérationnels[35].

2. ÉVALUE CETTE PEUR

Pour dépasser une peur, il faut d'abord en avoir conscience. Cette peur fait-elle partie de ta vie ? Colorie le nombre de carrés qui correspondent à ta réponse.

35 Si tu te demandes si ce sujet te concerne, tu peux commencer par te poser les questions suivantes :
- Quelles sont les vulnérabilités particulières de ta famille, les conflits récurrents, les maladies particulièrement fréquentes ?
- As-tu des peurs dont tu n'arrives pas à expliquer l'origine ?
- Y a-t-il des difficultés sur le plan existentiel dans ta vie qui sont lourdes, plus difficiles à surmonter pour toi que pour d'autres et qui sont inexplicables par ton vécu personnel ?
- As-tu une hyperactivité, une tendance anxieuse, une hypervigilance ou encore une tendance dépressive ? Si oui, qui, parmi tes ancêtres, avait cette caractéristique ?

Si tes réponses sont positives, cela pourrait te mettre sur la piste du transgénérationnel pour éventuellement entreprendre une démarche avec un thérapeute.

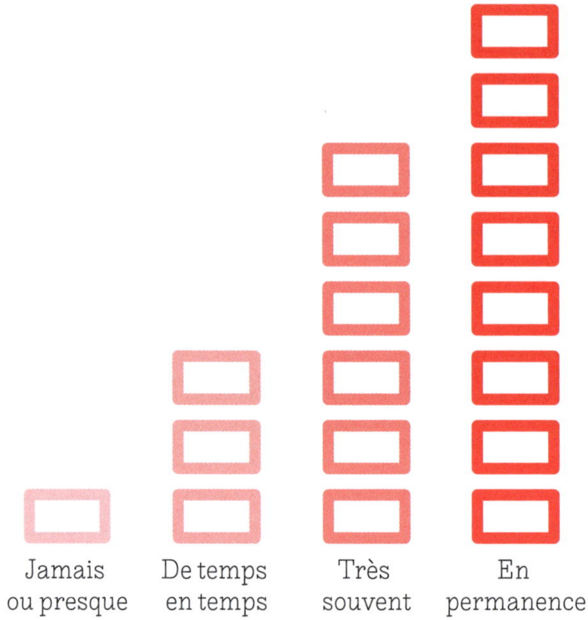

QUELLE EST SON INTENSITÉ ?

Si tu la rencontres, quelle est son intensité ? Tu peux l'évaluer en dessinant une croix à côté du nom, sur sa couleur (du gris clair au rose foncé) ou sous le smiley correspondant.

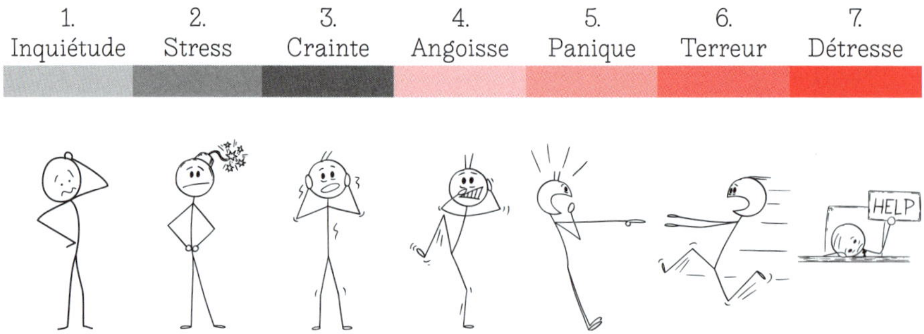

EXERCICE 1 : JE CHANGE MON HISTOIRE

Prends de quoi noter et assieds-toi dans un endroit calme. Ferme les yeux et regarde avec honnêteté l'histoire que tu penses être la tienne, à la période qui est importante à tes yeux.

- Écris-la en prenant le temps de ressentir les émotions qui remontent au fur et à mesure que tu rédiges.
- Lis à voix haute ce que tu as écrit et ressens les émotions ou sensations qui se dégagent. Ose laisser tes émotions s'exprimer : si tu as envie de pleurer, pleure ; si tu es en colère, tape des pieds ou sur un coussin.
- Répète la lecture jusqu'à ce que tu ne ressentes plus rien.
- Réécris à nouveau ton histoire en adoptant une nouvelle perspective plus élevée, plus bienveillante, sans préjugés, en te basant sur les mêmes faits vérifiables mais en tirant d'autres conclusions.
- Digère et intègre cette nouvelle histoire plus salutaire.
- Lis-la souvent, raconte-la à tes amis.

EXERCICE 2 : LA LETTRE VENIN

Certaines situations (qu'elles soient liées à notre histoire familiale ou pas) génèrent en nous des émotions très vives, que ce soit la peur, la colère ou encore la tristesse. Si on ne les extériorise pas, on écope de la double peine : une blessure sur le moment et une autre blessure latente qui finit par gangrener et se répercuter dans notre corps. Il est temps de dire STOP et de laisser partir ces émotions squatteuses.

Pense à une personne ou à un événement qui a généré en toi ces émotions désagréables de peur, de colère ou de tristesse. Laisse couler sur le papier tout ce que tu aimerais lui dire, tout ce que tu as sur le cœur depuis trop longtemps et qui t'empoisonne. Laisse couler ton venin, comme il vient, en étant injurieux s'il le faut. Lâche tout !

....

....

....

....

....

Ensuite, va faire un tour, fais une pause et laisse retomber ce qui reste d'émotion.

Puis, reviens à ta table et trouve au moins 10 conséquences positives de cette peur, cette colère, ou cette tristesse. Va jusqu'à 10 (les dernières sont les plus salvatrices).

Les 10 conséquences positives de cette colère :

1. ....

2. ....

3. ....

4. ....

5. ....

6. ....

7. ....

8. ....

9. ....

10. ....

Alors, comment te sens-tu ?

....

L'objectif de cet exercice est de transcender nos émotions désagréables et de faire peau neuve, comme un serpent. Tu n'oublies pas l'événement ou la personne, mais la charge émotionnelle est plus légère. L'autre avantage, c'est qu'en portant un nouveau regard sur un événement traumatique de ton passé et qui a influencé ton image personnelle, tu changes progressivement la façon dont tu te considères et *in fine* l'adulte que tu es. Elle est pas belle, la vie ? 😊

EXERCICE 3 : ACTION !

Quelle (toute) petite action pourrais-tu mettre en place pour dépasser cette peur et lui montrer qu'elle ne te fait pas peur ?

....

Mon astuce en +

Une famille est composée d'êtres humains qui peuvent donner le pire ou le meilleur d'eux-mêmes (et souvent entre les deux). Mais généralement, quoi qu'il se soit passé, on reste attaché à notre famille. Cela comporte les liens affectifs, mais aussi d'autres liens, moins palpables, liés à une forme de loyauté familiale inconsciente. C'est pour cette raison que nous endossons sans nous en rendre compte l'histoire de notre famille, ses peurs et ses souffrances. Et cela peut se répéter de génération en génération sans que personne n'en soit conscient.

Jusqu'au jour où tu ouvres les yeux sur ces schémas répétitifs et où tu décides de briser ce cercle inhibiteur et néfaste.

Bonne nouvelle : pour toi, ce jour, c'est aujourd'hui ! 😊

« La peur, c'est l'enfant en nous qui panique. »

Tahar Ben Jelloun, écrivain et poète franco-marocain

Les peurs liées à mon enfance

1. C'EST QUOI, CETTE PEUR ?

Les peurs liées à notre enfance sont particulières car elles façonnent bien souvent l'adulte que nous sommes aujourd'hui, qui continue à vivre avec les mêmes peurs, sans les remettre en cause, parfois même sans en avoir conscience.

2. ÉVALUE CETTE PEUR

Pour dépasser une peur, il faut d'abord en avoir conscience. Cette peur fait-elle partie de ta vie ? Colorie le nombre de carrés qui correspondent à ta réponse.

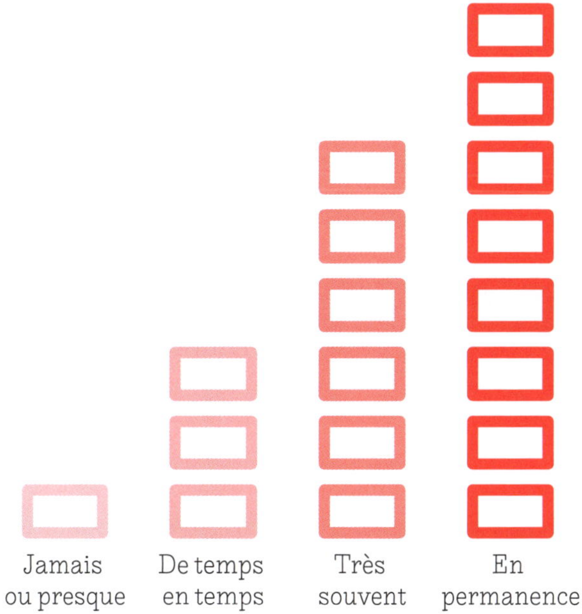

QUELLE EST SON INTENSITÉ ?

Si tu la rencontres, quelle est son intensité ? Tu peux l'évaluer en dessinant une croix à côté du nom, sur sa couleur (du gris clair au rose foncé) ou sous le smiley correspondant.

1. Inquiétude	2. Stress	3. Crainte	4. Angoisse	5. Panique	6. Terreur	7. Détresse

Des études ont démontré que nous pouvions revisiter notre passé avec notre cœur (c'est-à-dire au travers de nos émotions et non de notre mental) et reconsolider notre mémoire différemment, avec des souvenirs plus appropriés. En revenant au présent, nous constatons que la charge émotionnelle liée à notre enfance s'est considérablement allégée et que nous pouvons valider seulement ce qui est adapté[36]. Cela nous permet de retrouver un raisonnement plus rationnel et d'avancer dans notre vie avec plus de légèreté.

EXERCICE 1 : JE RENCONTRE MON ENFANT INTÉRIEUR

Ferme les yeux[37] et respire calmement et profondément pendant trois cycles. Imagine maintenant un tout petit enfant perdu assis sur le bord d'une route. Il est devant toi, il pleure. Ne cherche pas à savoir pourquoi, ne te demande pas comment tu pourrais le consoler. Il n'a besoin ni de l'un ni de l'autre. Dis-lui simplement ces mots : « Je peux ressentir ce que tu ressens, ta souffrance est légitime et tu peux te confier. Je suis là à tes côtés pour t'écouter et t'entendre. Tu peux tout me dire. Je t'autorise à exprimer tes émotions. Tu as le droit d'être triste, d'être en colère ou d'avoir peur. »

Que te dit-il ?

....

36 Par exemple, nous pouvons nous sentir vexés quand notre maîtresse d'école nous a reproché de ne pas connaître notre leçon, et non plus humilié.

37 Enregistre la consigne qui suit pour pouvoir l'écouter et profiter de cette séance de visualisation. Si tu le souhaites, tu peux ajouter un fond sonore de ton choix.

Que ressent-il ?

....

De quoi a-t-il besoin ?

....

Il est fort probable que ce petit enfant, ce soit toi, ou plutôt le petit enfant que tu étais. Que réalises-tu à présent ?

....

EXERCICE 2 : LETTRE À MON ENFANT INTÉRIEUR

Dans la continuité de l'exercice précédent, je t'invite à écrire une lettre à ton enfant intérieur, à la petite fille ou au petit garçon que tu étais. Elle t'aidera à libérer ta mémoire émotionnelle, à transformer tes ressentis et guérir tes blessures d'enfance. Choisis la période où tu aurais le plus aimé entendre un message de soutien et de réconfort de la part de l'un de tes parents ou d'un adulte bienveillant.

....

....

....

....

....

....

....

....

....

....

EXERCICE 3 : JE LIBÈRE MON ÉMOTION

Les exercices précédents ont pu raviver certaines émotions et souvenirs douloureux. Je sais, ce n'est pas agréable, mais c'est une étape importante pour t'en libérer. Je t'invite à présent à prendre encore plus de distance par rapport à ces émotions. Respire calmement et ferme les yeux[38].

1. Localise l'émotion dans ton corps. Une émotion a souvent un emplacement qui lui est propre. Quand on dit que l'on a le ventre noué ou la poitrine compressée, on sent qu'il y a comme un point central dans cette émotion. Le plus souvent, nos émotions sont centrées au niveau de notre buste ou encore de notre tête.

2. Visualise l'émotion. Imagine l'émotion et demande-toi spontanément de quelle couleur elle est, quelle est sa taille, sa forme. En la visualisant, tu te l'appropries et tu la transformes en objet conscient. C'est une première étape pour pouvoir agir sur elle.

3. Demande-lui ce qu'elle a à te dire, quel est son message. Accueille-la, sans jugement. Ensuite, inspire et respire profondément, et envoie-lui de l'air, et de l'amour, afin de la dénouer, de lui accorder plus d'espace et d'attention. Envoie-lui de la lumière, une couleur lumineuse qui te plaît et qui te réconforte.

4. Sors-la de ton corps. Imagine maintenant que tu prends cette émotion dans tes mains très délicatement pour la mettre devant toi, en dehors de ton corps.

5. Prends de la distance. À présent l'émotion est devant toi, continue à la visualiser et imagine que tu l'éloignes de toi. Plus elle sera éloignée, plus elle sera légère jusqu'à disparaître.

6. Transcende l'émotion. Maintenant, à l'endroit où l'émotion stagnait dans ton corps, tu vas donner vie à quelque chose que tu aimes. Cela peut être n'importe quoi, pourvu que ce soit positif pour toi : un objet, un visage, une musique, une odeur, une couleur, une émotion positive. Tu combles ainsi le vide créé par l'évacuation de l'émotion désagréable. Elle n'aura plus de place pour revenir.

7. Remercie-toi. Place les mains sur ton cœur et remercie-toi d'avoir pris ce temps pour toi et pour libérer ton émotion désagréable.

---

38 Enregistre la consigne qui suit pour pouvoir l'écouter et profiter de cette séance de visualisation. Si tu le souhaites, tu peux ajouter un fond sonore de ton choix.

EXERCICE 4 : ACTION !

Quelle (toute) petite action pourrais-tu mettre en place pour dépasser cette peur et lui montrer qu'elle ne te fait pas peur ?

....

Mon astuce en +

Tu peux travailler avec ton enfant intérieur à différents stades de ton enfance ou adolescence, pour aborder des points différents d'une fois sur l'autre. Mais prends le temps d'observer chacun de tes « retours » dans le présent, et les micromodifications qui s'opèrent dans ta façon de penser. Tu constateras que désormais, ton angoisse de parler en public n'est plus qu'une appréhension, que lorsque tu échoues, tu te relèves un peu plus vite qu'avant. Ce sont des changements subtils mais bien réels. Prends le temps de les apprécier et de remercier ton enfant intérieur pour sa collaboration.

Et félicite-toi d'avoir pris en main les rênes de ta vie !

Atteins ton objectif !

Félicitations ! Tu as affronté et désactivé tes différentes peurs avec courage et optimisme. Elles ne sont peut-être pas complètement parties, il reste encore quelques fragments ici et là mais elles devraient être moins puissantes. Plus tu les observeras et les transformeras, plus elles seront légères. Il est même possible que tu les considères davantage comme des défis à l'avenir.

Reprends l'objectif que tu as noté p. 28 et écris-le ici :

....

Note ensuite dans le tableau quelles peurs risquent (ou risquaient) de te freiner dans l'atteinte de cet objectif en inscrivant une croix devant celles qui te correspondent. En face de chacune d'elles, note une solution :

COCHE	PEURS	SOLUTIONS
	de l'inconnu	
	du manque de contrôle	
	de ne pas être à la hauteur	
	de ne pas être légitime	
	du jugement	
	de l'échec/de la réussite	
	du manque	
	de dire non	
	du conflit	
	de ne pas être à ta place	
	de ne pas être aimé, d'être rejeté	
	liées à mes croyances	
	liées à mes expériences passées	
	liées l'histoire de ma famille	
	liées à mon enfance	

Quelles actions concrètes souhaites-tu entreprendre pour atteindre ton objectif ?

Quand commences-tu ?

Qu'as-tu appris, compris, découvert dans ce livre et que tu veux absolument garder en mémoire pour la suite ?

De quelle manière pourrais-tu te remercier et te féliciter d'avoir travaillé sur toi pour dépasser tes peurs ? (Vas-y, lâche-toi, tu le mérites !)

Un petit poème pour conclure

Avant de te quitter, je souhaite partager avec toi ce poème de Kim et Alison McMillen et récité par Charlie Chaplin lors de l'un de ses anniversaires. Il traite des peurs qui nous empêchent de nous aimer vraiment.

On ne naît pas humain, on le devient

Le jour où je me suis aimé pour de vrai,
j'ai compris qu'en toutes circonstances,
j'étais à la bonne place, au bon moment.
Et, alors, j'ai pu me relaxer.
Aujourd'hui, je sais que ça s'appelle estime de soi.

Le jour où je me suis aimé pour de vrai,
j'ai pu percevoir que mon anxiété et ma souffrance émotionnelle,
n'étaient rien d'autre qu'un signal
lorsque je vais à l'encontre de mes convictions.
Aujourd'hui, je sais que ça s'appelle authenticité.

Le jour où je me suis aimé pour de vrai,
j'ai cessé de vouloir une vie différente
et j'ai commencé à voir que tout ce qui m'arrive contribue
à ma croissance personnelle.
Aujourd'hui, je sais que ça s'appelle maturité.

Le jour où je me suis aimé pour de vrai,
j'ai commencé à percevoir l'abus
dans le fait de forcer une situation, ou une personne,
dans le seul but d'obtenir ce que je veux,
sachant très bien que ni la personne ni moi-même
ne sommes prêts et que ce n'est pas le moment.
Aujourd'hui, je sais que ça s'appelle respect.

Le jour où je me suis aimé pour de vrai,
j'ai commencé à me libérer
de tout ce qui ne m'était pas salutaire,
personnes, situations, tout ce qui baissait mon énergie.
Au début, ma raison appelait ça de l'égoïsme.
Aujourd'hui, je sais que ça s'appelle amour propre.

Le jour où je me suis aimé pour de vrai,
j'ai cessé d'avoir peur du temps libre
et j'ai arrêté de faire de grands plans,
j'ai abandonné les mégaprojets du futur.
Aujourd'hui, je fais ce qui est correct, ce que j'aime,
quand ça me plaît et à mon rythme.
Aujourd'hui, je sais que ça s'appelle simplicité.

Le jour où je me suis aimé pour de vrai,
j'ai cessé de chercher à toujours avoir raison
et me suis rendu compte de toutes les fois
où je me suis trompé.
Aujourd'hui, j'ai découvert l'humilité.

Le jour où je me suis aimé pour de vrai,
j'ai cessé de revivre le passé et de me préoccuper de l'avenir.
Aujourd'hui, je vis au présent, là où toute la vie se passe.
Aujourd'hui, je vis une seule journée à la fois,
et ça s'appelle plénitude.

Le jour où je me suis aimé pour de vrai,
j'ai compris que ma tête pouvait me tromper et me décevoir,
mais si je la mets au service de mon cœur,
elle devient un allié très précieux.

Conclusion

Si tu atteins cette page après avoir lu et réalisé la plupart des exercices de ce livre, tu peux être fier de toi[39] !

Voyager au pays des peurs n'est pas tentant a priori. Pour ma part, je préfère voyager en Asie. Mais ce n'est qu'en explorant le territoire de mes peurs que j'ai pu accéder à la vraie liberté.

Ça demande du temps et de la volonté, mais je peux t'assurer que la première étape consistant à prendre conscience de cette réalité est déjà salvatrice.

Tu as compris que les peurs ne sont pas une fatalité, elles ne sont qu'une création de ton esprit et qu'à ce titre, en tant que créateur de ta vie, tu as tout pouvoir pour les modifier ou les supprimer.

Alors, mon dernier conseil sera celui-ci : n'oublie pas que tu es le maître de ta vie, le chef d'orchestre, le tout-puissant ou même le P.-D.G. si tu préfères. Alors, prends ta part de responsabilité sur tes souffrances et sur tes peurs, passe à l'action pour changer ce qui doit l'être.

Parce que tu le mérites, ne l'oublie jamais.

Mais aussi parce que la vie est trop courte pour s'empêcher de voler juste parce qu'on en a peur.

Tu ne crois pas ?

Je te souhaite une vie libre, sereine, confiante, aimante, bienveillante et pleine d'audace !

Avec tout mon amour,

Marilyse

39 Et si tu atterris ici par hasard, tu es quand même le bienvenu. Cette conclusion te donnera certainement envie de revenir en arrière pour réaliser tous ces super exercices ! 😊

Bibliographie

Gary M. Douglas et Dr Dain Heer, *L'argent n'est pas le problème, c'est vous!*, éditions Le Courrier du livre, 2017.

Ana Sandrea, *La science des miracles. La méthode pour vivre l'illimité au quotidien*, éditions Leduc, 2023.

Kevin Finel, *Explorez les capacités de votre cerveau avec l'autohypnose*, éditions Leduc, 2022.

Yves-Alexandre Thalmann, *S'affirmer même si on manque de confiance en soi*, éditions Solar, 2015

Sylvie Liger, *Se connecter à l'énergie de l'abondance*, éditions Eyrolles, 2023.

Marie-France et Emmanuel Ballet de Coquereaumont, *J'arrête d'avoir peur*, éditions Eyrolles, 2014.

Marshall Rosenberg, *La communication non violente au quotidien*, éditions Jouvence, 2003.

Gary Chapman, *Les 5 langages de l'amour*, éditions Leduc, 2008.

https://allezose.ca/la-peur-du-manque-comment-sen-liberer

https://apprendreaeduquer.fr/5-langages-damour-enfants

Réécris ta Vie !

Si vous le souhaitez, vous pouvez me rejoindre sur le site **Réécris ta Vie**, un espace dédié au coaching en évolution personnelle et professionnelle.

Vous y trouverez des programmes de coaching professionnel et *IKIGAÏ* qui vous permettront de réécrire votre histoire, une histoire passée, présente et future qui correspondra réellement à la vie que vous méritez !

Pour le découvrir, scannez le flashcode ci-dessous ou rendez-vous sur le site https://reecristavie.com !

MIXTE
Papier | Pour une gestion forestière responsable
FSC® C007507

Dépôt légal : août 2024
Achevé d'imprimer en Espagne par GraphyCems
en juillet 2024

Cet ouvrage a été imprimé sur du papier offset 120g FSC